Dízimo

Matheus Ortega

Dízimo
O que mais importa?

Copyright © 2024, Matheus Ortega. Todos os direitos reservados.
Copyright © Vida Melhor Editora Ltda., 2024.

Todos os direitos desta publicação são reservados à Vida Melhor Editora Ltda. Nenhuma parte desta obra pode ser apropriada e estocada em sistema de banco de dados ou processo similar, em qualquer forma ou meio, seja eletrônico, de fotocópia, gravação etc., sem a permissão dos detentores do copyright.

As citações bíblicas são da *Nova Versão Internacional* (NVI), da Bíblia, Inc., a menos que seja especificada uma outra versão da Bíblia Sagrada.

PRODUÇÃO EDITORIAL	Gisele Romão da Cruz
PREPARAÇÃO	Elaine Freddi e Daila Fanny
REVISÃO	Josemar de Souza Pinto
DIAGRAMAÇÃO	Neriel Lopez
CAPA	Débora Grazola

Dados Internacionais de Catalogação na Publicação (CIP)
(BENITEZ Catalogação Ass. Editorial, MS, Brasil)

088d
1.ed. Ortega, Matheus
        Dízimo / Matheus Ortega. - 1. ed. - Rio de Janeiro : Thomas Nelson Brasil, 2024

    192 p.; 13,5 x 20,8 cm.

    ISBN 978-65-5689-847-6

    1. Cristianismo. 2. Dízimos. 3. Ofertas. 4. Primícias. 5. Votos.
I. Título.

05-2024/81   CDD-248.6

Os pontos de vista desta obra são de responsabilidade de seus autores e colaboradores diretos, não refletindo necessariamente a posição da Thomas Nelson Brasil, da HarperCollins Christian Publishing ou de suas equipes editoriais.

Todos os destaques em citações bíblicas foram adicionados pelo autor.

Thomas Nelson Brasil é uma marca licenciada à Vida Melhor Editora LTDA. Todos os direitos reservados à Vida Melhor Editora LTDA.

Rua da Quitanda, 86, sala 601A - Centro,
Rio de Janeiro/RJ - CEP 20091-005
Tel.: (21) 3175-1030
www.thomasnelson.com.br

*Em memória de minha tia-avó Lydia,
de meus avôs José e David*

*e de todos os nossos antepassados
que nos ensinaram o valor do
amor, da justiça e da fidelidade.*

Sumário

Introdução	9
Parte I: O que é dízimo?	13
Origens do dízimo	19
O dízimo na lei mosaica	33
O dízimo no Antigo Testamento	51
O dízimo no Novo Testamento	67
O dízimo na história da igreja	79
Conclusão	99
Parte II: Devo dar o dízimo?	101
Dízimo é uma prática positiva	107
Dízimo é uma prática obsoleta	119
Questões práticas	131
Parte III: O que mais importa?	143
Dar com amor	147
Dar com justiça	153
Dar com fidelidade	161
O que mais importa?	167
Manifesto do dízimo	173
Conclusão	179
Agradecimentos	187

Introdução

Após escrever o livro *Economia do Reino*,[1] sobre como o cristão deve lidar com a riqueza e a pobreza neste mundo, recebi centenas de mensagens perguntando qual era a minha visão sobre o dízimo. Não me senti capaz de dar uma resposta adequada. Além disso, sou o último interessado em polêmicas e críticas a visões cristãs contrastantes, pois meu desejo é a unidade do corpo de Cristo, não sua divisão. No entanto, me senti impelido a estudar meticulosamente o assunto, com o intuito de trazer um conteúdo útil e propositivo para a igreja brasileira.

O dízimo tem sido um tema controverso na história do cristianismo.[2] Há os que afirmam que o dízimo é um dever moral a ser praticado em fidelidade a Deus. Outros, que o dízimo é uma tradição que não tem mais aplicabilidade na vida cristã. Considerando esse dilema de quase dois mil anos, mergulhei na Bíblia e nas visões cristãs ao longo da história. O resultado está neste livro, um resumo acessível que compila mais de 300 fontes de livros, artigos e vídeos, um material inédito em língua portuguesa.

O intuito deste livro é expor o tema do dízimo à luz, a fim de proporcionar maior entendimento sobre o assunto, para que cristãos não sejam escravizados com filosofias enganosas, baseadas em tradições humanas e em princípios deste mundo, e não em Cristo (Cl 2:8). O dízimo está no epicentro de duas filosofias enganosas: o *legalismo* e o *relativismo*.

9

O legalismo coloca *regras* acima de necessidades humanas, exigindo que todos entreguem o dízimo. Jesus critica os fariseus por atarem fardos pesados sobre os ombros das pessoas, obrigando-as a viver conforme sua convicção legalista (Mt 23:4). Já o relativismo coloca *vontades* acima das necessidades humanas, desobrigando qualquer pessoa de fazer uma entrega que não seja conforme seu desejo. Da mesma forma, Jesus critica os nicolaítas, pois misturavam a fé cristã com o paganismo (Ap 2:14-16) e diziam: "Tudo me é permitido" (1Co 6:12).[3]

Ambas as filosofias representam riscos para a caminhada cristã, especialmente quando se trata de dízimo. Como diz Timothy Keller, o legalismo faz que o cristão se sinta *aceito pelo que faz*, então segue regras para cumprir tudo o que crê ser necessário para agradar a Deus. Já o relativismo faz que o cristão se sinta *aceito independentemente do que faz*, então segue sua própria percepção do que é certo e errado.[4] Para não cair nesses extremos, é preciso uma postura humilde e disposta a questionar premissas. Como os nobres bereianos, devemos examinar as Escrituras para ver se o ensino que ouvimos está correto (At 17:11). Devemos pôr à prova todas as coisas e reter o que é bom (1Ts 5:20-22).

Este livro é composto por três partes. Na *Parte I*, aprofundaremos na Bíblia e na história para compreender o que é o dízimo, desmistificando pontos popularmente aceitos hoje, mas carentes de embasamento. Faremos descobertas fascinantes e pouco exploradas pela igreja cristã brasileira. Na *Parte II*, examinaremos os principais pontos a favor e contra a prática do dízimo, tratando diretamente da grande questão por trás deste livro: o cristão deve dar o dízimo ou não? Por fim, a *Parte III* apresentará o que mais importa na doação cristã e um manifesto sobre formas com as quais a igreja brasileira pode lidar com o dízimo.

INTRODUÇÃO

Um dia estaremos juntos na eternidade; pessoas de todas as raças, culturas e épocas, com diferentes doutrinas teológicas, denominações e visões sobre o dízimo. Por isso, hoje, em meio a tantas vozes e opiniões contrastantes, que nos esforcemos para manter o compromisso de uma boa consciência perante Deus (1Pe 3:21) e para conservar a unidade entre cristãos (Ef 4:3). Como escreveu o apóstolo Paulo, "Feliz é o homem que não se condena naquilo que aprova" (Rm 14:22). Essa é a profunda e gloriosa felicidade que desejo que você experimente em sua caminhada cristã, inclusive no tema tão contestado do dízimo.

Notas

1 Matheus Ortega, *Economia do Reino* (São Paulo: Thomas Nelson Brasil, 2021).

2 David A. Croteau. *A Biblical and Theological Analysis of Tithing.* 2005. 339 f. Tese (Doutorado em Filosofia) - Southeastern Baptist Theological Seminary (Wake Forest, Carolina do Norte, EUA), p. 22. Disponível em: https://digitalcommons.liberty.edu/cgi/viewcontent.cgi?article=1016&context=fac_dis. Acesso em: 8 fev. 2024.

3 Os nicolaítas aparentemente ensinavam que a lei da liberdade dava margem para o cristão se envolver em práticas culturais idólatras e imorais.

4 Timothy Keller, *The Centrality of the Gospel.* Disponível em: https://download.redeemer.com/pdf/learn/resources/Centrality_of_the_Gospel-Keller.pdf. Acesso em: 8 fev. 2024.

Parte I
O que é dízimo?

Ao longo da história do cristianismo, vemos opiniões variadas sobre o dízimo, que podem se resumir em três:

- o dízimo é uma prática **obrigatória**, aplicável a todos em todas as épocas;
- o dízimo é uma prática **positiva**, mas não constitui uma lei para os cristãos;
- o dízimo é uma prática **obsoleta**, sem aplicabilidade aos cristãos.

Se a Bíblia é a mesma, por que há visões tão opostas sobre o dízimo? O que será que faz homens e mulheres de Deus terem interpretações tão variadas sobre este tema? Para responder a essas perguntas, primeiro mergulharemos no significado de "dízimo", em sua história, seu propósito e sua prática.

O termo "dízimo" significa "a décima parte de um todo". Em português, a palavra vem do latim *decimus*, que significa "décimo"; no hebraico, os termos para "dízimo" são *ma'aser* e *asar*, que também significam "décima parte". No Antigo Testamento, o termo aparece nas histórias de Abraão e Jacó, na lei mosaica, nas histórias de Samuel, Ezequias, Neemias e nas profecias de Amós e Malaquias. No Novo Testamento, o dízimo é mencionado apenas por Jesus e no livro de Hebreus. Os termos gregos utilizados são *dekaté*, que quer dizer "décima parte", ou o verbo *apodekatoo*, que significa "dar a décima parte".

PARTE I: O QUE É DÍZIMO?

Tabela 1. Dízimo na Bíblia

Período bíblico	Personagem	Explicação	Referência
Patriarcas	Abraão	Abraão dá o dízimo dos despojos de guerra a Melquisedeque.	Gênesis 14:14-24
	Jacó	Jacó faz o voto de dar o dízimo a Deus.	Gênesis 28:10-22
Pentateuco	Moisés	Leis sobre dar o dízimo da terra.	Levítico 27:30-33
		Leis sobre dar os dízimos aos levitas.	Números 18:20-29
		Leis sobre para quem dar e os locais de entrega do dízimo.	Deuteronômio 12:4-14; 14:22-29; 26:12-14
Antigo Testamento	Samuel	Samuel avisa que os reis tomariam para si o dízimo do povo de Israel.	1Samuel 8:15-17
	Ezequias	O dízimo e o serviço do templo em Judá são restaurados pelo rei Ezequias.	2Crônicas 31:2-13
	Neemias	O dízimo e o serviço do templo são restaurados em Jerusalém pelo governante Neemias.	Neemias 10:32-39; 12:40—13:14
	Amós	O profeta Amós critica o dízimo como um ritual sem propósito.	Amós 4:1-6
	Malaquias	O profeta Malaquias critica a falta de dízimos para sustentar o templo.	Malaquias 3:5-12
Novo Testamento	Jesus	Jesus ensina os fariseus sobre os preceitos mais importantes da lei.	Mateus 23:23; Lucas 11:42
		Jesus conta a parábola do fariseu e o publicano.	Lucas 18:9-14
	Autor de Hebreus	O sacerdócio de Melquisedeque é comparado ao de Cristo.	Hebreus 7:1-28

DÍZIMO: O QUE MAIS IMPORTA?

Há muito mais nesse termo do que uma mera definição de porcentagem. Ao longo da história do cristianismo, a definição de "dízimo" variou bastante, indo de prática voluntária para suprir os líderes e os pobres até o status de lei estatal para financiar o clero.[1] Hoje, a definição básica do dicionário e a compreensão geral no contexto cristão brasileiro é que dízimo significa:

dar	a décima parte da renda	à igreja
ato de entrega	porcentagem fixa e regular	destinado à igreja local
[o que é]	[quanto]	[para quem]

De acordo com essa definição, o dízimo diz respeito essencialmente a *quanto* se dá (10% da renda) e *para quem* se dá (à igreja). Para a maioria das igrejas brasileiras, o que não chega a 10% da renda, ou o que passa disso, não é dízimo, mas oferta, bem como doar financeiramente para algum indivíduo ou instituição que não seja a igreja local. Assim, faz-se uma distinção entre as contribuições: o dízimo é a décima parte da renda dada à igreja local, e a oferta é qualquer contribuição voluntária.

Mas será que essa definição é bíblica e cristã?

Trataremos dessa pergunta nos próximos capítulos, estudando o que é o dízimo segundo a Bíblia e sua prática na história. Prepare-se para ler informações que podem mudar o que você sempre ouviu e pensou sobre o dízimo!

PARTE I: O QUE É DÍZIMO?

Nota

1   David Croteau, *You Mean I Don't Have to Tithe?*: A Deconstruction of Tithing and a Reconstruction of Post-Tithe Giving (Eugene: Pickwick, 2010), p. 26.

Origens do dízimo

O dízimo não é apenas judaico-cristão

A maioria dos estudos cristãos sobre o dízimo começa pela Bíblia. Contudo, a prática do dízimo era comum na Antiguidade.[1] Conforme os relatos históricos, diversos povos antigos davam a décima parte de seus bens aos deuses. Os acadianos (2334-2154 a.C.) davam o dízimo de suas posses ao deus-sol Samas;[2] os fenícios (2500-64 a.C.), ao deus Melcarte;[3] os cartagineses (814-146 a.C.), ao deus Heracles.[4] Os espartanos (900-192 a.C.) davam o dízimo dos despojos de guerra aos deuses;[5] e os chineses na dinastia Zhou (1050-256 a.C.) destinavam um décimo da receita pública para sacrifícios.[6]

Os templos da Babilônia (1894-538 a.C.) eram mantidos por um sistema de coleta de dízimo, cobrado igualmente de príncipes e camponeses.[7] O militar e filósofo grego Xenofonte (430-354 a.C.) construiu um pilar perto do templo de Ártemis, contendo a inscrição: "Esta terra é sagrada a Ártemis. Quem a ocupar, que pague o dízimo de sua renda anual; do que sobrar, que mantenha o templo. Se isso for negligenciado, a deusa irá exigi-lo".[8] Conforme Plutarco (46-119 d.C.), os romanos ricos tinham costume de dar o dízimo de suas posses para Hércules[9]. Os próprios deuses estavam sujeitos à prática: a mitologia romana registra que o deus Marte deu o dízimo a um dos gênios que o ensinou a ser um soldado.[10]

Outras religiões incluem o dízimo entre seus costumes. O hinduísmo, uma das religiões mais antigas da humanidade,

PARTE I: O QUE É DÍZIMO?

incentiva a entrega voluntária do dízimo a instituições religiosas ou aos pobres.[11] O sânscrito, uma língua ancestral de importante uso litúrgico no hinduísmo, possui, inclusive, um verbo para isso: *dashamamsha* significa "dar a décima parte".[12] À semelhança de algumas vertentes do cristianismo, o hinduísmo ensina que dar o dízimo antes de qualquer outro uso do dinheiro santifica a porção remanescente.[13] Posteriormente, o siquismo, uma religião monoteísta criada na Índia no século 15 pela fusão do hinduísmo e islamismo, manteve em suas escrituras a tradição do dízimo (*dasvandh*).[14]

Algumas religiões enfatizam a doação regular, mas não necessariamente de 10% da renda. O islamismo, por exemplo, ensina o *zakat*, uma doação anual de 2,5% do patrimônio[15] como um dos cinco principais pilares de sua fé. Para essa religião, "quem pagar o *zakat* sobre sua riqueza terá seu mal removido de si".[16] O budismo, por sua vez, não estabelece uma porcentagem, mas ensina que dar (*dāna*) tem o efeito de purificar a mente do doador e conduz a uma das dez perfeições da tradição mahayana.[17]

É inegável a forte tradição judaico-cristã em relação ao dízimo. No judaísmo, o surgimento do dízimo é explicado na Torá. Contudo, depois da destruição do templo no ano 70 e do fim do ministério levítico, houve muitas divergências sobre o propósito do dízimo.[18] Hoje em dia, permanece no judaísmo a prática de doar 10% da renda líquida[19] (*ma'aser kesafim*) para a caridade.[20] É uma prática semelhante ao dízimo no cristianismo, com a diferença de ser destinado aos pobres, e não a líderes religiosos. Alguns judeus a consideram uma obrigação com base na Torá ou no ensino rabínico, mas a maioria a toma apenas como tradição.[21]

No cristianismo, o dízimo, herdado do judaísmo, foi redefinido e praticado por muitos fiéis ao longo da história. Há quem defenda que a décima parte é um conceito divinamente

21

inspirado que representa um princípio de completude, e que entregá-lo simboliza dar tudo a Deus.[22] Por outro lado, há quem afirme que essa proporção é apenas uma prática antiga que existe devido à facilidade do cálculo com os dedos, não por ser uma simbologia divina.[23] O fato é que, desde a Antiguidade, diferentes povos e religiões praticavam o dízimo. Diante disso, a pergunta que fica para o cristão é a seguinte: o dízimo é um conceito que surgiu no coração de Deus ou era apenas uma prática cultural comum?

Antes de responder, é importante apontar que cristãos não podem se apropriar do tema como se este fosse um conceito *exclusivamente bíblico*, desconsiderando o contexto histórico em que o dízimo foi originado. Significa também que o estudo teológico do dízimo necessita da colaboração da disciplina-parceira História para desvendar o real significado dessa prática e de sua aplicabilidade para nós.

O dízimo não surge na lei mosaica

O primeiro relato do dízimo na Bíblia é na história de Abraão, cerca de 2000 a.C. e mais de quatrocentos anos antes da lei mosaica (Gl 3:17). Abraão deu o dízimo dos despojos de uma guerra a Melquisedeque, rei de Salém e sacerdote do Deus Altíssimo (Gn 14:17-24). O segundo relato bíblico é na história de Jacó, neto de Abraão, que fez o voto de dar a Deus o dízimo de tudo, mas com algumas condições: *se* Deus cuidasse dele em sua jornada, o provesse com alimento e roupa e o levasse em segurança para casa (Gn 28:20-22). Ambas as histórias demonstram que o dízimo era conhecido pelos patriarcas[24] antes de ser um mandamento a Israel.

Se voltarmos um pouco mais no tempo, veremos que Caim e Abel ofertaram a Deus muito antes de haver uma lei que os obrigasse a isso. Caim deu do fruto da terra enquanto

PARTE I: O QUE É DÍZIMO?

Abel apresentou as partes gordas das *primeiras* crias do seu rebanho (Gn 4:2-5). Deus aceitou Abel e sua oferta, mas rejeitou Caim e sua oferta. Alguns usam essa passagem para defender que a doação da primeira parte é equivalente ao dízimo. Contudo, esses conceitos não são a mesma coisa.[25] Como veremos adiante, os primeiros frutos e o dízimo foram instituídos na lei mosaica como formas diferentes de ofertar a Deus.[26] Neste livro, trataremos do que a Bíblia diz sobre dízimo, e não dos primeiros frutos.[27]

Há duas principais interpretações cristãs sobre o dízimo dos patriarcas:

- O dízimo é uma **revelação divina**, ensinado por Deus diretamente aos patriarcas;[28]
- O dízimo é uma **prática cultural**, e a doação feita pelos patriarcas é narrada de forma descritiva, não prescritiva.[29]

Vamos analisar as histórias de Abraão e de Jacó, bem como os principais argumentos das duas interpretações cristãs mencionadas anteriormente.

O DÍZIMO DE ABRAÃO

O texto bíblico sobre o dízimo entregue por Abraão diz o seguinte:

> Voltando Abrão da vitória sobre Quedorlaomer e sobre os reis aliados a ele, o rei de Sodoma foi ao seu encontro no vale de Savé, isto é, o vale do Rei. Então, Melquisedeque, rei de Salém, trouxe pão e vinho. Ele era sacerdote do Deus Altíssimo e abençoou Abrão, dizendo: "Bendito seja Abrão pelo Deus Altíssimo, Criador dos céus e da terra. Bendito seja o Deus Altíssimo, que entregou

os seus inimigos nas suas mãos!". Então, Abrão lhe deu o dízimo de tudo.[30]

O rei de Sodoma disse a Abrão:

– Dê-me as pessoas e pode ficar com os bens.

Abrão, porém, respondeu ao rei de Sodoma:

– Juro, de mãos levantadas ao SENHOR, o Deus Altíssimo, Criador dos céus e da terra, que não aceitarei nada do que pertence a você, nem mesmo um cordão ou uma correia de sandália, para que você jamais venha a dizer: "Eu enriqueci Abrão". Nada aceitarei, a não ser o que os jovens comeram e a porção pertencente a Aner, Escol e Manre, os quais me acompanharam. Que eles recebam a sua porção (Gn 14:17-24).

Os defensores do dízimo como **revelação divina** afirmam que o conceito de dar o dízimo a Deus está enraizado no coração do ser humano desde o começo,[31] sendo um "princípio da criação",[32] uma "lei da raça humana",[33] ou uma "lei básica do universo de Deus".[34] A universalidade da prática do dízimo desde os primórdios, espalhada por tantas culturas, reforça que, no profundo da consciência humana, há uma lei natural que o leva a entregar a décima parte de suas posses a Deus.[35]

Assim, o dízimo de Abraão é mais do que uma prática cultural, pois surgiu no coração de Deus.[36] O próprio Deus disse que Abraão lhe obedeceu, guardando seus preceitos, mandamentos e decretos (Gn 26:5) antes que estes existissem como lei. Posteriormente, a carta aos Hebreus explica que Abraão deu o dízimo como um tributo a Deus pela vitória e bênção recebidas, tributo esse intermediado pelo rei-sacerdote Melquisedeque. O dízimo não foi entregue de forma casual, mas como um ato de honra a alguém superior, que representava o próprio Cristo (Hb 7:1-7).

PARTE I: O QUE É DÍZIMO?

Já os defensores do dízimo como **prática cultural** ressaltam que Abraão não deu o dízimo de sua renda — que era uma enorme fortuna acumulada em gado, prata e ouro (Gn 13:1-2) —, mas dos despojos de guerra, ou seja, de prisioneiros, objetos de valor e animais.[37] Não há nada que indique que Abraão tenha seguido uma ordenança divina ao dar o dízimo,[38] tampouco que o tenha feito de forma regular durante seus 175 anos de vida.[39] Além disso, Abraão deu o dízimo de forma incompatível com a ordenança posterior da lei, que estabelecia a doação dos despojos de guerra em 1,1%, não 10% (Nm 31:25-31).[40] Ou seja, o dízimo dos despojos entregue por Abraão não foi sequer usado como referência para a lei. Por que seria aceito como uma revelação divina universal?

Desse modo, Abraão não é o inventor do dízimo.[41] Melquisedeque veio ao seu encontro, o abençoou[42] e deu-lhe comida, então Abraão entregou a ele 10% dos despojos, conforme a prática cultural da época. Se há alguma revelação nessa história, é que Abraão não aceitou *nada* dos despojos, dando os outros 90% ao rei de Sodoma e aos que lutaram com ele (Gn 14:21-24). Essa atitude aponta para um princípio muito maior que o dízimo, um valor eternamente relevante: a generosidade.[43]

Considerando os dois lados do debate, é possível tirar diferentes conclusões. Se o dízimo foi uma revelação divina a Abraão, talvez ele seja uma lei moral, aplicável necessariamente a todos os seres humanos em todas as épocas, inclusive hoje. Se, por outro lado, o dízimo de Abraão foi uma prática cultural, talvez ele seja restrito a certos tempos e povos e, por isso, não é necessariamente aplicável a cristãos.

O DÍZIMO DE JACÓ

Vamos continuar a reflexão examinando o episódio do dízimo entregue por Jacó:

> Ali sonhou que havia uma escadaria que se erguia da terra cujo topo alcançava os céus e pela qual os anjos de Deus subiam e desciam. Acima dela, em pé, estava o SENHOR, que lhe disse:
> – Eu sou o SENHOR, o Deus de Abraão, o seu pai, e o Deus de Isaque [...] Eu estou com você e cuidarei de você, aonde quer que vá; e eu o trarei de volta a esta terra. Não o deixarei enquanto não fizer o que lhe prometi (Gn 28:12-15).
> Então, Jacó fez um voto, dizendo:
> – Se Deus estiver comigo, cuidar de mim nesta viagem que estou fazendo, prover-me de comida e roupa e levar-me de volta são e salvo à casa de meu pai, então o SENHOR será o meu Deus, e esta pedra que hoje pus como coluna será casa de Deus, e, de tudo o que me deres, certamente te darei o dízimo (Gn 28:20-22).

Para os defensores do dízimo como **revelação divina**, o fato de Jacó expressar assim seu voto de adoração ("certamente te darei o dízimo") indica o quanto é relevante a entrega da décima parte. Ao fazer o voto, Jacó expressou sua livre decisão de devolver o dízimo ao Senhor.[44] A Bíblia não fala como nem quando Jacó deu o dízimo (uma possibilidade seria ele tê-lo entregado posteriormente, no altar em Betel; Gn 35:1-7),[45] mas o voto revela a importância de entregar o dízimo *de tudo*, não apenas de despojos.

Dessa forma, quando a lei estabelece o dízimo ao povo de Israel, ela não o cria; apenas o *reconhece*,[46] pois ele já existia como a entrega da porção devida a Deus.[47] Por isso,

PARTE I: O QUE É DÍZIMO?

Jacó não pensou em um compromisso que fosse mais forte para expressar seu vínculo com Deus do que o voto de dar o décimo de tudo.[48] Além disso, o "se" de Jacó pode, na verdade, significar "uma vez que"[49] — não uma transação, mas uma afirmação de sua fé. A entrega de 10% de tudo é uma expressão da devoção de Jacó ao Senhor, que simboliza seu compromisso de entregar não apenas uma parte, mas *toda* sua vida.

Os defensores do dízimo como **prática cultural** consideram o dízimo de Jacó uma referência problemática para cristãos por algumas razões:

a. exige algo de Deus *antes* de dar;
b. promove um relacionamento de barganha com Deus;
c. não explica o destino do dízimo;
d. não detalha a regularidade do dízimo;
e. não atesta se o dízimo foi, de fato, entregue.

No episódio em questão, foi Jacó quem estabeleceu as condições, não Deus.[50] Ele transformou as promessas incondicionais de Deus (v. 12-15) em uma barganha condicional.[51] Inferir que o dízimo de Jacó serve de referência para cristãos pode levar a sérias distorções quanto à doação. Uma delas é a ideia de pagar promessa: dar a Deus se for abençoado, não por amor.[52] O voto de Jacó é transacional, por causa da recompensa.[53]

Assim como no caso de Abraão, o dízimo prometido por Jacó é uma prática cultural que representava gratidão e adoração, e sua menção na Bíblia é descritiva, não prescritiva. Não é porque os patriarcas fizeram algo que devemos imitá-los. Uma tradição não é automaticamente um preceito divino e eterno somente porque é antiga, comum e disseminada.[54] A lei natural eterna é o ato de dar a Deus de coração, a despeito do formato ou valor.

DÍZIMO: O QUE MAIS IMPORTA?

Essas visões opostas chegam a conclusões distintas: ou a doação da décima parte dos bens é uma revelação divina e uma obrigação moral, pois "desde as eras mais antigas o dízimo era uma porção devida a Deus"[55]; ou é uma prática cultural e não necessariamente aplicável a cristãos, pois "Deus não disse a Abraão e Jacó para darem um décimo; não existe uma lei universal como tal declarada nas Escrituras"[56].

Independentemente de qual seja sua conclusão, é essencial considerar as origens do dízimo, como ele foi praticado ao longo da história e na vida dos patriarcas. Ele não é um conceito apenas judaico-cristão e não surgiu na lei mosaica. Esses são fatos essenciais para a discussão. Apenas após compreendê-los é possível seguir adiante na cronologia bíblica, estudando como o dízimo foi instituído por Deus na lei mosaica.

Notas

1 BTCast 245 — Dízimos e ofertas. *Bibotalk*, 2018. Disponível em: https://bibotalk.com/podcast/btcast-245-dizimos-e-ofertas/. Acesso em: 9 fev. 2024. Nesse podcast, Victor Fontana menciona o contexto histórico do dízimo na Antiguidade.

2 Vocábulo "erēsu". THE ORIENTAL INSTITUTE. *The Assyrian Dictionary*. 6. reimp. (Chicago: The Oriental Institute, 1958), p. 284. Disponível em: https://web.archive.org/web/20170312032447/https:/oi.uchicago.edu/sites/oi.uchicago.edu/files/uploads/shared/docs/cad_e.pdf. Acesso em: 9 fev. 2024.

3 Phoenicia, Phoenicians. *Jewish Virtual Library*, 2008. Disponível em: https://www.jewishvirtuallibrary.org/phoenicia-phoenicians-jewish-virtual-library. Acesso em: 9 fev. 2024.

4 DIODORUS SICULUS. *Library of History*. Trad. De Russel M. Geer. 20.14. Loeb Classical Library, 1954. Disponível em: https://penelope.uchicago.edu/Thayer/E/Roman/Texts/Diodorus_Siculus/20A*.html#ref29. Acesso em: 9 fev. 2024.

5 Henry Lansdell, *Tithe-Giving Among Ancient Pagan Nations*, p. 124, 130. Disponível em: https://biblicalstudies.org.uk/pdf/jtvi/tithe_lansdell.pdf. Acesso em: 9 fev. 2024.

6 *The Book of Rites*, tradução de James Legge. Part I. Book III: The Royal Regulations, Section 2.27. Disponível em: https://sacred-texts.com/cfu/liki/liki03.htm. Acesso em: 9 fev. 2024.

7 Philip Igbo. *The Over-Emphasis on the Paying of Tithe and the Quest for Materialism among Religious Leaders*: An Evaluation of the Biblical Teaching on Tithe (AJOL, 2021), p. 189. Disponível em: https://www.ajol.info/index.php/jrhr/article/view/211101. Acesso em: 9 fev. 2024.

8 Henry Lansdell, *Tithe-Giving Among Ancient Pagan Nations*, p. 131-2.

PARTE I: O QUE É DÍZIMO?

9   PLUTARCH, Quaestiones Romanae. Frank Cole Babbit, ed. digital. Disponível em: https://www.perseus.tufts.edu/hopper/text?doc=Perseus%3Atext%3A2008.01.0211%3Asection%3D18#note-link1. Acesso em 27 maio 2024.

10 Thomas Comber, *An historical vindication of the divine right of tithes from scripture, reason, and the opinion and practice of Jews, Gentiles, and Christians in all ages* (Londres: S. Roycroft, 1682), p. 30-45. Disponível em: https://quod.lib.umich.edu/e/eebo2/A34072.0001.001/1:1?rgn=div1;view=toc. Acesso em: 9 fev. 2024.

11 *The Tithing Commitment*. Kauai's Hindu Monastery, 2000. Disponível em: https://www.himalayanacademy.com/view/gr_2000-03-02_the-tithing-commitment. Acesso em: 9 fev. 2024.

12 Hinduism's Online Lexicon. Shiavault. Disponível em https://www.shiavault.com/books/hinduism-s-online-lexicon-a-z-dictionary/chapters/4-d/. Acesso em: 9 fev. 2024.

13 Tithing in Hinduism. Wealthymatters, 2011. Disponível em: https://wealthymatters.com/2011/01/23/tithing-in-hinduism/. Acesso em: 9 fev. 2024.

14 Tithing. *Sikh Dharma International*, 2017. Disponível em: https://www.sikhdharma.org/tithing/. Acesso em: 9 fev. 2024.

15 Nunca ouvi um cristão perguntar por que o dízimo deve ser da renda, e não do patrimônio. Pode-se ter o caso de alguém que herdou um patrimônio bilionário e vive sem salário nem renda. Quanto essa pessoa deve dar? E no caso de que, em vez disso, herdou as dívidas da família e ganha um salário mínimo para sustentar os filhos e os afilhados. Quanto essa pessoa deve dar? O dízimo é sobre a renda ou o patrimônio? Jacó não teria prometido dar o dízimo de todo o seu patrimônio (cf. Gn 28:10-22)? Seria justo se Zaqueu desse apenas o dízimo de sua renda, depois de uma vida inteira acumulando um patrimônio baseado na exploração do povo? O dízimo não deveria estar sob o escrutínio da justiça, não a justiça sob o escrutínio do dízimo?

16 Zakat facts. *Islamic Relief Worldwide*, 2023. Disponível em: https://www.islamic-relief.org.uk/giving/islamic-giving/zakat/zakat-facts/. Acesso em: 9 fev. 2024. Em alguns países, o *zakat* é lei, em outros, é uma recomendação. De forma geral, os muçulmanos consideram essa prática importante. Há algumas restrições para entregar o *zakat*: ele deve ser dado apenas por quem já passou da puberdade e que possua um patrimônio mínimo (cerca de R$ 2.300,00) e tenha fonte de renda. Segundo o cálculo do *zakat*, um muçulmano que, durante um ano, esteve empregado, teve um carro de R$ 50.000,00 e outros R$ 50.000,00 na poupança (patrimônio total de R$ 100.000,00) deve doar R$ 2.500,00 aos necessitados naquele ano.

17 Andrew Olendzki, *The Wisdom of Giving* (Tricycle, 2003). Disponível em: https://tricycle.org/magazine/wisdom-giving/. Acesso em: 9 fev. 2024.

18 Shlomo M. Brody, *Jewish Ideas Daily: Tithing and Taxes* (The Jerusalem Post, 2013). Disponível em: https://www.jpost.com/opinion/columnists/jewish-ideas-daily-tithing-and-taxes-310762. Acesso em: 9 fev. 2024. Para um estudo mais aprofundado, veja o artigo de Michael J. Broyde, Fruits from the Holy Land in America: Is There an Obligation to Separate Teruma and Ma'aser?, *Journal of Halacha and Contemporary Society*, n. 27, 1994, p. 85-112.

19 ISRAEL COM A ALINE. Como é o dízimo no judaísmo? O que a Bíblia diz sobre o dízimo?! YouTube, 2021. Disponível em: https://www.youtube.com/watch?v=rDyQy-0rY1M. Acesso em: 9 fev. 2024. Para mais informações sobre como surgiu essa aplicação, veja Dov Linzer, *Where Does Ma'aser Kesafim Come From, and What Can it Be Used For?* (YC Torah Library, 2019). Disponível em: https://library.yctorah.org/2019/11/where-does-maaser-kesafim-come-from-and-what-can-it-be-used-for/. Acesso em: 9 fev. 2024. Sobre a origem e a controvérsia do *ma'aser kesafim*, veja Adam Chodorow. Maaser Kesafim and the Development of Tax Law. *Florida Tax Review*, v. 8, n. 1, p. 153, 2007. Disponível em: https://papers.ssrn.com/sol3/papers.cfm?abstract_id=2130768. Acesso em: 9 fev. 2024.

20 Toby Janicki, *What about Tithing?* (Marshfield: First Fruits of Zion, 2014), p. 79.

21 THE INTERNATIONAL BAIS HORAAH. Maaser Kesafim: Obligation, Custom and Virtue. Disponível em: https://images.shulcloud.com/291/uploads/Announcements/2017/Adopt-A-Kollel-Newsletter/Vayeitzei--Maaser.pdf. Acesso em: 9 fev. 2024.

22 Bobby Eklund, *Partners with God*: Bible Truths About Giving (Nashville: Convention, 1994), Ed. digital.

23 Collin Hansen, The Ancient Rise and Recent Fall of Tithing, *Christianity Today*, 2003. Disponível em: https://www.christianitytoday.com/history/2008/august/ancient-rise-and-recent-fall-of-tithing.html. Acesso em: 9 fev. 2024.

DÍZIMO: O QUE MAIS IMPORTA?

24 A Bíblia menciona o dízimo de Abraão e Jacó. A tradição rabínica, porém, ensina que Isaque também deu o dízimo, apesar de isso não estar na Bíblia. Veja MISHNEH TORAH 9. Trad. de Reuven Brauner. Disponível em: https://www.sefaria.org/Mishneh_Torah%2C_Kings_and_Wars.9.1?ven=Laws_of_Kings_and_Wars._trans._Reuven_Brauner,_2012&lang=bi. Acesso em: 9 fev. 2024.

25 James Orr, Tithe, *International Standard Bible Encyclopedia* (Grand Rapids: Eerdmans, 1939). Disponível em: https://www.internationalstandardbible.com/T/tithe.html. Acesso em: 9 fev. 2024.

26 Na lei, havia quatro categorias de doação (*tzedakah*): primeiros frutos; dízimos; ofertas; e últimos frutos (ou a lei da rebusca, que ordenava deixar o resto da colheita aos necessitados). Eram quatro formas diferentes de entregar algo a Deus, cada uma com suas especificações. Peter Haas, *Tithes And First Fruits* – The Practice Of Tzedakah (Peter Haas, 2021), disponível em: https://www.peterhaas.org/what-does-the-bible-really-teach-about-tithing/. Acesso em: 9 fev. 2024.

27 A lei das primícias estipulava que as primeiras crias de todo ventre dos israelitas (pessoas ou animais) pertenciam a Deus. O conceito de primogenitura e sua consagração a Deus surge como ordenança divina após a saída dos judeus do Egito (Êx 13:1-2). Depois disso, Deus define que os levitas seriam os primogênitos dentre os homens, e os rebanhos dos levitas, os primogênitos dentre os animais (Nm 3:40-45). Posteriormente, a lei determinou que se separasse todo primeiro macho do rebanho para ser sacrificado diante do Senhor (Dt 15:19-23). Há ainda ordenanças sobre os primeiros frutos das colheitas: deveriam ser entregues ao sacerdote e suas famílias (Nm 18:11-13) como forma de consagrar a Deus o primeiro fruto da terra (Lv 23:9-12). Estas determinações são diferentes das que foram ordenadas sobre o dízimo na lei.

28 Alguns dos principais estudos históricos que defendem a visão de que o dízimo é uma revelação divina dada por Deus à humanidade são Arthur Babbs, *The Law of the Tithe* (Chicago: Fleming H. Revell, 1912), disponível em: https://archive.org/details/MN41380ucmf_4/page/n8/mode/1up?ref=ol&view=theater. Acesso em: 9 fev. 2024; Henry Lansdell, *The Sacred Tenth or Studies in Tithe-Giving Ancient and Modern* (Londres: Society for Promoting Christian Knowledge, 1906), disponível em: https://www.forgottenbooks.com/en/download/TheSacredTenth_10106263.pdf). Acesso em: 9 fev. 2024; George W. Brown, *Gems of Thought on Tithing*, 2. ed. (Cincinnati: Jennings & Graham, 1911), disponível em: https://archive.org/details/gemsofthoughtont00brow/page/n3/mode/1up?ref=ol&view=theater. Acesso em: 9 fev. 2024.

29 Alguns dos principais estudos históricos que defendem a visão de que o dízimo é uma prática cultural comum na época dos patriarcas são Mark A. Snoeberger, The Pre-Mosaic Tithe: Issues and Implications, *Detroit Baptist Seminary Journal*, n. 5, 2000. p. 71-95. Disponível em: https://biblicalelearning.org/wp-content/uploads/2022/01/Snoeberger-Title-DBSJ.pdf). Acesso em: 9 fev. 2024; Marvin E. Tate, Tithing: Legalism or Benchmark?. *Review & Expositor*, vol. 70(2), p. 153-161, disponível em: https://doi.org/10.1177/003463737307000203). Acesso em: 9 fev. 2024; Tithe, *Encyclopedia of the Bible*, disponível em: https://www.biblegateway.com/resources/encyclopedia-of-the-bible/Tithe. Acesso em: 9 fev. 2024.

30 Vale notar que o dízimo de tudo de Abraão não significa "tudo que ele possuía". O dízimo de tudo era "de todos os despojos da guerra", conforme o autor dos Hebreus deixa claro em 7:4.

31 Toby Janicki, *What about Tithing?*, p. 4.

32 Bob Burridge, *The Tithing Question* (Genevan Institute for Reformed Studies, 2015). Disponível em: http://genevaninstitute.org/articles/the-tithing-question.

33 Thomas Kane apud George W. Brown, *Gems of Thought on Tithing*, p. 18.

34 Herschel Hobbs, *The Gospel of Giving* (Broadman Press, 1954), p. 14. Disponível em: https://archive.org/details/gospelofgiving0000hers/page/n7/mode/2up. Acesso em: 9 fev. 2024.

35 Arthur V. Babbs, *The Law of the Tithe*, p. 24. O autor afirma que "a universalidade da prática do dízimo argumenta que havia e há no profundo da consciência do homem um senso de dever. A alma clamava, e continua a clamar, 'eu devo' [dar o dízimo]".

36 GC STEWARDSHIP MINISTRIES. GodFirstSeries: 1—The Origin of Tithe. YouTube, 2019. Disponível em: https://www.youtube.com/watch?v=IQhW4Pt8tdE. Acesso em: 9 fev. 2024.

37 Stuart Murray, *Beyond Tithing* (Eugene: Wipf & Stock, 2011), ed. digital.

38 Sam Storms, *Are Christians Obligated to Tithe? (2Cor. 8-9)*. Disponível em: https://www.samstorms.org/all-articles/post/are-christians-obligated-to-tithe–2-cor–8-9-. Acesso em: 9 fev.

PARTE I: O QUE É DÍZIMO?

2024. Segundo o autor, "não sabemos se Abraão dizimou por causa de alguma ordenança divina que era obrigatória para o povo de Deus naquela época, ou porque ele estava seguindo um costume comum do antigo Oriente Próximo. Não há nada no Antigo Testamento que indique que Abraão recebeu instruções divinas ou reveladoras a respeito do dízimo. Não há nenhuma ordem associada a esse incidente nem qualquer prova indicando que o que Abraão fez nessa ocasião seja obrigatório e normativo para todos os crentes em todas as épocas".

39 John MacArthur, *God's Plan for Giving*, Part 1 (Grace To You, 1975). Disponível em: https://www.gty.org/library/sermons-library/1302/gods-plan-for-giving-part-1. Acesso em: 9 fev. 2024. Nas palavras do autor, "a Bíblia não institui o dízimo em Gênesis. Não há nenhuma declaração de Deus sobre o dízimo. Ninguém disse a Abraão para dar o dízimo. Ninguém disse a Jacó para dar um décimo; certamente Deus não disse. Não existe uma lei universal como tal declarada nas Escrituras [...] Em nenhum momento nas Escrituras está registrado, antes ou depois desse incidente, que Abraão deu o décimo. Essa é a única vez que se sabe que ele deu um décimo no registro de seus 160 anos [*sic*] na terra. Isso nos indica algo. Além disso, não era um décimo de sua renda, e não era um décimo anual. Ele simplesmente escolheu fazê-lo".

40 Conforme Nm 31:25-31, 50% dos despojos de guerra iam para os [1] soldados, e 50%, para a [2] comunidade. Da metade dos soldados, 1/500 destinava-se aos sacerdotes (0,1% do total). Da metade da comunidade, 1/50 destinava-se aos levitas (1% do total). Dessa forma, a oferta dos despojos de guerra, conforme a lei, totalizava 1,1%. *ESV Global Study Bible* (Wheaton: Crossway, 2012); Russel E. Kelly, *Should the Church Teach Tithing?* (Lincoln: Writers Club, 2007), ed. digital, p. 26.

41 DOIS DEDOS DE TEOLOGIA. Devemos dar dízimos hoje? YouTube, 2020. Disponível em: https://www.youtube.com/watch?v=vIKblNzcLXY&t=1s. Acesso em: 9 fev. 2024.

42 A bênção veio antes de Abraão dar o dízimo, não depois. Osni de Figueiredo, *Dízimo à luz da Bíblia*. Disponível em: https://osni.webnode.com.br/dizimo-a-luz-da-biblia/. Acesso em: 9 fev. 2024.

43 SWINDOLL, Charles R., *Abraão: um homem obediente e destemido* (São Paulo: Mundo Cristão, 2016), ed. digital, p. 142-145.

44 RODRIGUEZ, Angel M., *Teologia dos dízimos e ofertas*, p. 51-52. Disponível em: https://biblia.com.br/perguntas-biblicas/base-teologica-para-o-dizimo. Acesso em: 23 de abr. de 2024.

45 WALTON, John., *The NIV Application Commentary: Genesis* (Grand Rapids: Zondervan), ed. digital.

46 GIFFORD, O. P., apud George W. Brown, *Gems of Thought on Tithing*, p. 51.

47 BANKS, Richard F., *The Place of the Tithe in New Testament Stewardship*, Graduate Thesis Collection. Paper 341. 1942. p. 45. Disponível em: https://core.ac.uk/download/62434238.pdf.

48 ANDERSON, John W., *A Study of the Biblical Basis for Tithing*. 1957. 69 f. Tese (Bacharel em Teologia) - Western Evangelical Seminary (Portland, Oregon, EUA), p. 7-8. Disponível em: https://digitalcommons.georgefox.edu/cgi/viewcontent.cgi?article=1455&context=wes_theses.

49 LOPES, Hernandes Dias., *Gênesis: o livro das origens* (São Paulo: Hagnos, 2021), p. 977.

50 HERNANDEZ, Eliot, Lugo., *Is Tithing for the New Testament Church?* 2013. Tese - Southwestern Assemblies Of God University (Waxahachie, Texas, EUA), p. 9. Disponível em: https://www.academia.edu/4112600/Is_Tithing_for_the_New_Testament_Church. Acesso em: 9 fev. 2024.

51 SPROUL, R. C. (ed.), *Bíblia de Estudo da Fé Reformada* (Editora Fiel e Ligonier Ministries, 2020).

52 MCGEE, VERMON J., Thru the Bible with J. Vernon McGee (Nashville: Thomas Nelson, 2018), vol. 1, ed. digital.

53 AKEIDAT YITZCHAK 25:1. Trad. de Eliyahu Munk. Disponível em: https://www.sefaria.org/Akeidat_Yitzchak.25.1?lang=en. Acesso em: 9 fev. 2024.

54 Russell Earl Kelly, *Should the Church Teach Tithing?*, p. 10.

55 ALBER, John G., Hanna, W. H., 1936. *Debate on the Tithe*. Stone-Campbell Books, p.50. Frase do filósofo e apologeta holandês Hugo Grócio (1583-1645). Disponível em: https://digitalcommons.acu.edu/crs_books/604. Acesso em: 21 maio 2024.

56 MACARTHUR, John. *God's Plan for Giving*, Part 1. Grace To You, 1975. Disponível em: https://www.gty.org/library/sermons-library/1302/gods-plan-for-giving-part-1. Acesso em: 21 maio 2024.

O dízimo na lei mosaica

O dízimo não era 10%

Quando o dízimo foi estabelecido por Deus na lei mosaica e se tornou uma prática regular do povo de Israel, havia diversas modalidades:

- Um dízimo anual para o sustento dos *levitas*, que não tinham terra como herança;[1]
- Um dízimo anual para as *festas* nacionais, para todos compartilharem a mesa diante de Deus;
- Um dízimo a cada três anos, destinado aos *pobres*;
- Um dízimo do dízimo anual, dado apenas pelos levitas para os *sacerdotes*.[2]

O sistema de dízimos na lei é complexo, e à primeira vista parece haver uma discrepância.[3] Em Levítico, Números e Deuteronômio, lemos sobre três tipos diferentes de dízimos, cada qual com finalidade, frequência e local de entrega diferentes (sem contar o dízimo dos sacerdotes, que era entregue apenas pelos levitas). Como pode o mesmo dízimo ser dado aos levitas, comido pelas famílias nas festas nacionais e ainda suprir os necessitados nos armazéns das cidades?

PARTE I: O QUE É DÍZIMO?

Tabela 2. Tipos de dízimo na lei mosaica

Tipo	Finalidade	Ofertante	Local de destino	Frequência	Referência
Dízimo aos levitas (*ma'aser rishon*)	Suprir os levitas	Judeus	Levitas espalhados pelas cidades	Anual	Números 18:20-29; Levítico 27:30-33; Neemias 10:37
Dízimo para as festas (*ma'aser sheni*)	Comer nas festas	Judeus	Somente o lugar que Deus escolhesse	Anual	Deuteronômio 12:4-14; 14:22-26
Dízimo aos pobres (*ma'aser ani*)	Suprir os pobres	Judeus	Armazéns nas portas de qualquer cidade	A cada três anos	Deuteronômio 14:28-29; 26:12-14
Dízimo aos sacerdotes (*terumat hamaaser*)	Suprir os sacerdotes	Levitas	Sacerdotes na tenda ou templo	Anual	Números 18:25-29

Não existe unanimidade para responder a essa pergunta nem mesmo entre estudiosos judeus.[4] Há diferentes compreensões sobre o que significavam esses diferentes tipos de dízimos na lei.[5] Uma delas é de que se tratava de um único dízimo[6], praticado de forma diferente em épocas diferentes da história israelita.[7] Contudo, já na época de Esdras, o Livro da Lei de Moisés era tratado como um pacote único[8] (Ne 8:1), e assim, a tradição rabínica ensina que a lei exige a entrega simultânea de múltiplos dízimos.

A prática de três dízimos é registrada pelo historiador Josefo (37-100). Seus escritos são valiosos, pois dão detalhes históricos da vida de Cristo e do contexto socioeconômico da época. Josefo escreve que, além dos dois dízimos que deveriam ser dados anualmente — um para sustento dos levitas e outro para as festas —, também era entregue um terceiro dízimo, a cada três anos, que seria distribuído aos necessitados.[9] O livro de Tobias (200 a.C.) também menciona esses três dízimos.[10] Ou seja, há evidências históricas sobre a harmonização das passagens da lei através da prática de três dízimos diferentes.[11]

De acordo com a Mishná,[12] principal obra da tradição oral rabínica, compilada por volta do século 2, os judeus deveriam dar os três dízimos durante seis anos, pois no sétimo ano a lei ordenava o descanso da terra (Lv 25:1-7)[13] e não havia dízimo sobre a colheita. Dessa forma, o dízimo entregue pelos israelitas não se resumia a 10% da renda, nem era entregue no sétimo ano. Essa era a realidade dos judeus no período do Segundo Templo (516 a.C.-70 d.C.), época em que Jesus e os discípulos viveram.

Mas, se a lei demandava três dízimos, como eles eram entregues na prática? Quanto a lei exigia que fosse entregue em termos de porcentagem?

Há diferentes visões sobre o sistema de três dízimos. A mais popular, defendida pelos teólogos John MacArthur[14] e Craig Keener,[15] entre outros, diz que o dízimo representava 23,33% da produção anual, dos quais 10% era para os levitas, 10% para as festas e 3,33% para os pobres (a cada três anos). Eram dados 14 dízimos em seis anos.[16] Outra visão, que segue a tradição rabínica, entende que os três dízimos perfaziam 20%. Eram dados 12 dízimos em seis anos, alternando o dízimo das festas e o dos pobres no terceiro e sexto anos[17], sendo entregues apenas dois por ano (levitas e festas ou levitas e pobres).[18]

A porcentagem exata do dízimo na lei é difícil de definir. Quando perguntei a David Croteau, doutor em Teologia e autor de vários livros sobre dízimo, qual era o montante dos três dízimos ordenados pela lei mosaica, ele respondeu: "Ninguém sabe."[19] Na mesma linha, o professor Thomas Schreiner afirma que, conforme o Antigo Testamento, "é muito difícil saber quanto se dava. Mas é provavelmente

PARTE I: O QUE É DÍZIMO?

na casa dos 20%. O dízimo definido como 10% é uma tradição nossa".[20]

Ainda que seja um tema complexo, encarei o desafio matemático e tentei calcular quanto a lei requeria de dízimo.

Conforme a tradição rabínica, o judeu deveria dar os dízimos e ofertas em uma ordem específica.[21] Os primeiros frutos deveriam ser entregues aos sacerdotes antes de qualquer outra coisa (Dt 18:1-5; 26:1-4). Dava-se entre 1/40 e 1/60 da melhor parte da colheita (Êx 23:19), ou seja, aproximadamente 2%.[22] Do que sobrava, entregava-se o dízimo dos levitas. Do restante, era separado o dízimo das festas, que seria consagrado e comido pelas famílias em Jerusalém. E, a cada três anos, era dado o dízimo dos pobres, que, segundo a tradição rabínica, alternava-se com o dízimo das festas. Por fim, os judeus deixavam restos da colheita para os necessitados (Lv 19:9-10), a lei da rebusca, que chamo aqui de "últimos frutos".[23] A lei mosaica não estabelecia uma porcentagem para os últimos frutos, mas os rabinos diziam que deveria ser pelo menos 1/60 da colheita.[24]

Com isso em mente, e embasado nos textos judaicos, cheguei a uma estimativa de como seria a prática de um dizimista fiel à lei:[25]

Ano 1: produção de 100 kg de trigo.

- Primeiros frutos: ~2% de oferta do melhor trigo aos sacerdotes (2 kg);
- Dízimo aos levitas: 10% dos 98 kg restantes (9,8 kg);
- Dízimo para as festas: 10% dos 88,2 kg restantes (8,82 kg);

DÍZIMO: O QUE MAIS IMPORTA?

- Últimos frutos: ~2% dos 79,38 kg restantes (1,58 kg).
- Total entregue: 22,2 kg, ou 22,2%.

Ano 2: igual ao ano 1
Ano 3: produção de 100 kg de trigo.

- Primeiros frutos: ~2% de oferta do melhor trigo aos sacerdotes (2 kg);
- Dízimo aos levitas: 10% dos 98 kg restantes (9,8 kg);
- Dízimo aos pobres: 10% dos 88,2 kg restantes (8,82 kg);
- Últimos frutos: ~2% dos 79,38 kg restantes (1,58 kg).
- Total entregue: 22,2kg, ou 22,2%

(Note que a diferença entre os anos anteriores e este não é do *total* entregue, mas da *substituição* do dízimo para as festas pelo dízimo aos pobres.)

- Anos 4 e 5: igual ao ano 1.
- Ano 6: igual ao ano 3.
- Ano 7: descanso da terra, quando todos (proprietários, escravos, trabalhadores e animais) se alimentavam apenas do que nascia espontaneamente (Lv 25:1-7). Neste ano, não havia dízimo.

Nesse ciclo de sete anos, chamado *ciclo de shemitá*, estima-se que a entrega anual dos primeiros frutos, dízimos e últimos frutos fosse de 22,2%. No sistema de 14 dízimos, o valor total seria cerca de 24,8%.[26] Ambos os resultados diferem das alternativas mais conhecidas (20% ou 23,33%)

PARTE I: O QUE É DÍZIMO?

porque deduzem os primeiros frutos *antes* dos demais dízimos, conforme a tradição rabínica.[27] Não diria que é uma referência exata, mas ilustra a complexidade da interpretação dos dízimos na lei.

Espero que você não se espante com tantos números. Isso tudo mostra que, independentemente de saber a porcentagem exata exigida pela lei, não se tratava de um dízimo de 10% da renda. Havia diferentes tipos de dízimos, baseados na produção da terra, que compunham um valor mais alto do que apenas um décimo. E, por mais complexa que essa conta já esteja, havia outras considerações na lei dos dízimos.

Além dos produtos da terra, a lei também exigia o dízimo dos rebanhos: "O dízimo dos seus rebanhos, um de cada dez animais que passem debaixo da vara do pastor, será consagrado ao SENHOR" (Lv 27:32). Essa prática era feita uma vez por ano, quando os proprietários aleatoriamente marcavam cada décimo animal que passava pelo cajado.[28] A lei dizia que a *primeira cria* do rebanho pertencia a Deus (Nm 18:15); mas curiosamente, se um pastor tivesse 9 ovelhas, ele não daria nenhuma de dízimo (0%). Se tivesse 10 ovelhas, daria 1 (10%). Se ele tivesse 19 ovelhas, também daria apenas 1 (5,2%), pois o dízimo era dado *a cada dez animais*, não de forma fracionada (não teria como dar 1,9 ovelha). Ou seja, um dono de rebanhos daria algum valor entre 0 e 10% de dízimo, dependendo de quantos animais tivesse. Isso, claro, sem considerar as primeiras crias e as ofertas.

Resumindo, o dízimo na lei não era apenas 10% da renda, pois havia diferentes prescrições e finalidades. Stuart Murray afirma que "o judaísmo no primeiro século compreendia o Antigo Testamento como requerendo três dízimos separados, não apenas um."[29] Da mesma forma, o judeu messiânico Toby Janicki escreve que "a Torá demanda mais que 10%; de fato, considerando tudo, ela requer mais que 20%".[30]

39

DÍZIMO: O QUE MAIS IMPORTA?

Assim, se fôssemos praticar o dízimo segundo os preceitos da Torá, não faria sentido aplicar *menos que 20%*.

Contudo, será que a lei mosaica serve como parâmetro do quanto os cristãos devem dar? De um lado, alguns afirmam que "dar dez por cento da renda sempre foi a norma assumida pela Torá, como Abraão e Jacó fizeram."[31] Para esses, as especificações da lei mosaica não anulam a aliança *previamente* revelada por Deus aos patriarcas (Gl 3:17), que deveriam lhe devolver 10% do quanto tivessem. De outro lado, outros afirmam que 10% não é um número mágico que agrada a Deus,[32] e que essa porcentagem não foi instituída por ele nem pela lei mosaica, quanto menos pelo Novo Testamento.[33]

A meu ver, a prática do dízimo não é necessariamente negativa para o cristão, pois pode ser um meio para um fim, uma prática regular que expressa amor, justiça e fidelidade. O que penso ser *negativo* é o uso de trechos bíblicos isolados para obrigar a doação de uma porcentagem específica, e fazer disso um fim para agradar a Deus, sendo que essa porcentagem não é ordenada nem pela lei, nem pela graça.

O dízimo não era uma exigência a todos

A lei mosaica não exigia o dízimo de todos. Há duas condições que evidenciam isso:

1. O dízimo era recolhido apenas sobre a produção de comida;[34]
2. O dízimo era *destinado* aos necessitados, e não *exigido* deles.

Primeiro, vamos entender o que diz a lei sobre o dízimo de alimentos:

PARTE I: O QUE É DÍZIMO?

– Separem o dízimo de tudo o que a terra produzir
anualmente. Comam o dízimo do cereal, do vinho novo
e do azeite, e a primeira cria de todos os seus rebanhos
na presença do Senhor (Dt 14:22-23).

Deus não estabeleceu o dinheiro como meio de dar o dízimo.[35] "Mas é claro", alguém diria, "aquela sociedade era
agrária, por isso davam da colheita, pois não havia dinheiro."
Alguns dizem que os israelitas tiravam o dízimo *de tudo*, pois,
"na época, não havia dinheiro em forma de moeda. A moeda
só foi inventada por volta do século 8 a.C.".[36] Contudo, a Bíblia
demonstra que já havia formas de moeda (peças de metal precioso) antes da lei. Abraão comprou terra por 400 peças de prata, "de acordo com o peso corrente entre os mercadores" (Gn
23:16). Jacó pagou 100 peças de dinheiro (o termo em hebraico
é *kesitah*, uma unidade de valor com equivalente desconhecido,
provavelmente um pedaço de moeda com peso específico) por
um campo (Gn 33:19). José foi vendido por 20 peças de prata
para mercadores em rota comercial para o Egito (Gn 37:28).
Ou seja, já havia unidades monetárias[37] e padrões comerciais
internacionais estabelecidos desde a época dos patriarcas.

A própria lei tinha mandamentos que tratavam de pagamento com moeda. Se um homem se deitasse com uma
mulher e depois a difamasse dizendo que não era virgem,
era obrigado a pagar 100 peças de prata ao pai da moça
por haver prejudicado sua reputação (Dt 22:13-19). Se um
boi chifrasse um escravo, o dono do animal deveria pagar
30 siclos de prata ao dono do escravo (Êx 21:32). Ora, se a
sociedade era agrária e não tinha moeda, por que a lei dizia
para o dono do animal pagar por um prejuízo em *peças de
prata*, não em feixes de trigo ou cabeças de boi?

Havia ainda um imposto exigido dos israelitas do sexo
masculino, maiores de 20 anos, chamado *preço da propiciação*.

DÍZIMO: O QUE MAIS IMPORTA?

Cada um deveria pagar "meio siclo, com base no peso padrão do santuário" (Êx 30:13-15). Posteriormente, essa se tornou uma oferta para a manutenção do templo — o imposto do templo —, fixada em meio siclo. Foi esse imposto que Jesus pagou junto com Pedro depois de este miraculosamente encontrar um siclo na boca de um peixe que pescou (Mt 17:24-27). Ou seja, a lei previa pagamentos em forma monetária, mas o dízimo não era uma delas.

Não existe nenhuma menção na lei obrigando o israelita a dar o dízimo em peças de prata, ou a calcular a renda de seu comércio para entregar o dízimo em forma de moeda. O que existe na lei quanto a dízimo e dinheiro é o seguinte: se alguém morasse longe demais para *carregar* o dízimo (a colheita e os animais) às festas, era permitido que trocasse isso por prata (Dt 14:22-27). O intuito era facilitar o deslocamento dos que vinham de longe, para usarem a prata a fim de comprar comida e bebida no local designado da festa. Ou seja, o dinheiro que estava envolvido na entrega do dízimo tinha o fim prático de comprar alimento, e não o de ser entregue em moeda. A despeito do uso da moeda, o fim do dízimo permanecia o mesmo: alimentação.

Os israelitas também poderiam resgatar o dízimo da produção da terra, uma forma de *comprar* o dízimo de volta. Para isso, teriam de pagar a taxa de um quinto do preço (Lv 27:30-33). Assim, o dízimo todo seria entregue em forma monetária, e teria o valor de 12% (10% original + 1/5 da taxa). Nesse caso, o dinheiro também poderia ser usado como meio de entregar o dízimo, mas novamente visava facilitar o cumprimento do dízimo, que era alimentar os levitas, celebrar as festas e suprir os necessitados.

O principal ponto sobre o dízimo ser dado em comida, e não em dinheiro, é que ele era atrelado à terra. O judaísmo era uma "religião territorial", vinculada à terra prometida

PARTE I: O QUE É DÍZIMO?

por Deus a Abraão.[38] Seguindo a compreensão de que Deus é o dono da terra (Sl 24:1), dava-se o dízimo do que a terra produzia. A Mishná diz: "Tudo que é alimento, é cultivado e nasce da terra é sujeito ao dízimo."[39] O livro apócrifo de Judite menciona que os dízimos do vinho e azeite não deveriam ser *comidos*. Nos textos rabínicos, há definições bem específicas sobre o momento e a forma de dar o dízimo: quando figos estão maduros, quando o interior de romãs está mole, quando pêssegos ficam avermelhados e aí por diante. Segundo essa interpretação da Torá, deve-se dar o dízimo de "toda comida que é armazenada e que nasce do solo".[40]

Era assim que os judeus viam o dízimo na época de Jesus. Os fariseus defendiam a prática do dízimo de forma extremamente minuciosa.[41] O preceito mosaico do dízimo que se aplicava aos produtos da terra foi estendido, por um exagero dos rabinos, às plantas mais insignificantes.[42] Como explica o professor Craig Keener, um dos principais debates dos fariseus sobre o dízimo no primeiro século era quanto ao dízimo de temperos. Eles deveriam ser considerados produtos da terra? Alguns rabinos defendiam o dízimo do endro e do cominho, mas não da hortelã. Outros rejeitavam a necessidade de dar o dízimo do cominho preto.[43] Quando Jesus mencionou o dízimo, ele criticou justamente a minúcia com que os fariseus definiam quais dos alimentos da terra se enquadrariam no dízimo.

Mas de que forma isso é relevante? O objetivo do dízimo não seria a provisão, seja ele entregue em forma de comida, seja em dinheiro?

A questão não é que cristãos devem dar o dízimo em forma de alimento nem o aplicar sobre o fruto da terra e do gado. Essa aplicação literal não faz sentido, pois não estamos na terra prometida nem sob a lei mosaica. O ponto é que, uma vez que

43

se restringia à produção de alimentos, *o dízimo não era uma exigência para todos.*[44]

Essa é uma compreensão-chave para cristãos lidarem com dízimos, doações e ofertas. A lei não demandava os dízimos dos necessitados sem terra:

> – Quando tiverem separado o dízimo de tudo quanto produziram no terceiro ano, o ano do dízimo, entreguem-no ao levita, ao estrangeiro, ao órfão e à viúva, para que comam até ficarem saciados nas cidades de vocês (Dt 26:12).

O dízimo era uma ordenança específica sobre a produção agrícola e pecuária na terra prometida.[45] Os proprietários de terra israelitas tinham o dever moral de suprir as demandas de seus compatriotas levitas, pobres, órfãos, viúvas e estrangeiros sem terra. Esses grupos carentes eram *receptores* do dízimo, não *doadores*. Assim, os que não tinham terra usufruíam do dízimo e dos últimos frutos para que a vida fosse mais justa. Como o teólogo Lawrence Richards explica, a lei "ordenava que os dízimos fossem pagos pelos donos das terras, qualquer que fosse a produção de sua terra [frutos, colheitas, animais]".[46] Fiquei fascinado ao descobrir que a lei mosaica não requeria o dízimo de quem não fosse dono de terra e rebanhos.

Os escravos e servos não tinham de dar o dízimo, pois as terras em que trabalhavam não pertenciam a eles. Outras profissões, como pescadores, carpinteiros, artesãos, comerciantes, mineradores ou mestres, não tinham ordenanças para dar o dízimo. Conforme Alfred Edersheim (1825-1889), judeu convertido ao cristianismo e estudioso da Bíblia, "é notável o fato de que a lei parece considerar Israel um povo apenas agrícola – nenhuma contribuição é requerida do comércio".[47]

PARTE I: O QUE É DÍZIMO?

Durante os quarenta anos no deserto e as épocas de exílio, não há ordenamentos ou evidências bíblicas de que o dízimo era praticado. Este requerimento era para os proprietários *da terra prometida*,[48] que pertencia ao Senhor.[49] As ordenanças dadas por Deus deveriam ser cumpridas enquanto vivessem na terra que Deus lhes deu como herança (Dt 12:1). O teólogo Russell Kelly explica que os necessitados ou não proprietários de terra em Israel não deveriam dar o dízimo, embora devessem pagar os impostos e entregar ofertas conforme sua condição.[50]

Atualmente é bastante aceito nas igrejas brasileiras que *todos* devem dar o dízimo. Muitos afirmam que "o dízimo é o sistema mais justo do mundo",[51] quer a pessoa ganhe 100 reais, quer 1 milhão. Dez por cento é apreciado como um esforço proporcional e adequado a todos.[52] Mas, se o dízimo *inspirado na lei* fosse aplicado hoje, isso não faria sentido, pois um de seus fins era suprir os menos favorecidos, e não demandar que contribuíssem com o pagamento dos gastos comuns.

É ainda pior que, hoje, o dízimo seja *exigido* de muitos cristãos, inclusive dos mais necessitados, com a promessa de que apenas os dizimistas fiéis irão "desfrutar de bênçãos divinas". Não seria essa uma visão excludente, que não representa nem a lei, nem o evangelho, nem o coração de Cristo? Estaríamos exigindo muito dos que não têm nada, e pouco dos que têm muito?

É preciso reconsiderar a universalidade na exigência do dízimo na igreja. Inquestionavelmente, todo cristão deve ser encorajado a ser *generoso*, seja rico, seja pobre, pois dar é refletir nosso Deus, que é generoso. Dar é uma prática cristã, e todos podem ser doadores, inclusive quem vive na pobreza, como foram a viúva pobre (Mc 12:41-44) ou as igrejas da Macedônia (2Co 8:1-5). Deus ama a quem dá com alegria, e dar é um privilégio de qualquer pessoa que ama a Deus. Mas isso jamais deve ser uma exigência colocada nos ombros daqueles que não têm como dar.

Os necessitados são os que devem *receber* ajuda. Rute, por exemplo, era pobre, viúva e estrangeira, e foi acolhida por um israelita justo, dono de terra: Boaz (Rt 2:1-23). Ele fez além do que a lei dizia, deixando-a colher de todas as espigas do campo, e não apenas restos. Era esperado que Boaz cumprisse as leis dos primeiros frutos, dos dízimos, das ofertas e dos últimos frutos, pois ele era proprietário de terra, mas não se esperava o mesmo de Rute.

Tudo isso nos revela algo muito precioso: a lei não exigia de quem mais precisava, mas supria a quem mais precisava. Assim, ainda que o dízimo seja praticado hoje como uma expressão sincera de entrega a Deus, ele não deve ser exigido dos que não têm recursos, para que se alcance o propósito da comunidade justa pretendida na lei e vivida entre os primeiros cristãos (At 2:45; 4:34-35; 2Co 8:14-15).

Notas

1   É importante notar que nem todos os levitas eram sacerdotes. Alguns viviam em cidades e apascentavam seus rebanhos nas pastagens ao redor (Nm 35:1-6).

2   Os sacerdotes recebiam uma porção especial: o melhor décimo do que havia sido dado aos levitas, mais os primeiros frutos de todos os judeus. Pode-se estimar que o sacerdote recebia, do total da produção da comunidade, 1% por meio dos levitas e ~2% por meio dos primeiros frutos, perfazendo ~3% do total entregue pelo povo.

3   Essa aparente discrepância foi harmonizada na tradição judaica, não apenas teoricamente, mas na prática, ao considerar três dízimos diferentes. Joseph Jacobs; M. Seligsohn; Wilhelm Bacher, *Tithe* (Jewish Encyclopedia, 2020-2021). Disponível em: https://www.jewishencyclopedia.com/articles/14408-tithe. Acesso em: 9 fev. 2024.

4   J. D. Douglas; Merrill C. Tenney, Malachi 3. Tithe. *Zondervan Illustrated Bible Dictionary* (Grand Rapids: Zondervan, 2011), ed. digital.

5   D. A. Carson (ed.), *NIV Biblical Theological Study Bible* (Grand Rapids: Zondervan, 2018).

6   Craig Blomberg, *Neither poverty nor riches* (Downers Grove: Intervarsity, 1999), ed. digital. Nas palavras do autor, "originalmente pode haver sido pretendido apenas um dízimo, mas a mentalidade judaica harmonizadora rapidamente resolveu as aparentes contradições entre as passagens identificando pelo menos duas ofertas separadas. Já na época do Novo Testamento, a maioria dos judeus passou a interpretar a entrega a cada três anos para os pobres como algo acima e além dos outros dois dízimos".

7   Moisés Silva; Merrill C. Tenney, Tithe, *The Zondervan Encyclopedia of the Bible*, (Grand Rapids: Zondervan, 2010), v. 5, ed. digital.

8   Oliveira, José F. de. *Desmistificando o Dízimo*. São Paulo: ABU Editora, 1996. p. 54-63.

PARTE I: O QUE É DÍZIMO?

9 Flavius Josephus, *The Works of Flavius Josephus*, tradução de William Whiston, A. M. Auburn e Buffalo (Auburn: John E. Beardsley, 1895), 4:8. Disponível em: https://www.perseus.tufts.edu/hopper/text?doc=Perseus%3Atext%3A1999.01.0146%3Abook%3D4%3Asection%3D240#note1. Acesso em: 9 fev. 2024.

10 *The Book of Tobit* 1.7-8. Disponível em: https://www.math.cmu.edu/~rw1k/Tobit.pdf. Acesso em: 9 fev. 2024. O livro de Tobias menciona que os três dízimos eram dados da seguinte forma: "o primeiro décimo de todo incremento eu dei aos filhos de Arão, que ministravam em Jerusalém. Outro décimo eu vendia, e ia para Jerusalém gastá-lo todo ano. E o terceiro décimo eu dava a quem necessitava".

11 Alguns defendem a existência de apenas dois dízimos: um para os levitas e outro para as festas e os pobres. Contudo, o destino do dízimo das festas era as celebrações em Jerusalém, enquanto a doação aos pobres era armazenada em cada cidade. Unificar os dois traz problemas quanto ao local onde seriam entregues. Conforme o comentário da Torá *Chizkuni*, escrito no século 13, "enquanto o segundo dízimo deve ser levado a Jerusalém, o dízimo para os pobres deve ser armazenado localmente, de modo a estar convenientemente disponível aos pobres locais". Assim, há diferentes formas de entrega para cada dízimo.

12 Dentro da Mishná existe uma obra chamada *Maaser Sheni* [Segundo dízimo], que detalha exatamente como os judeus deveriam dar os primeiros frutos e os três tipos de dízimos. MAASER SHENI 5:6. Trad. de Joshua Kulp. Disponível em: https://www.sefaria.org/Mishnah_Maaser_Sheni.5.6?lang=en. Acesso em: 9 fev. 2024.

13 A terra desfrutava de um ano sabático. Há quatro proibições para agricultores no sétimo ano: semear, aparar, colher e apanhar. Vale notar que os judeus não podiam cultivar e trabalhar nas plantações, mas poderiam se alimentar do que nascia espontaneamente. Toby Janicki, *What about Tithing?*, p. 16.

14 John MacArthur, *God's Plan for Giving*, Part 1.

15 Craig S. Keener; John H. Walton (eds.), *NIV Cultural Backgrounds Study Bible* (Grand Rapids: Zondervan, 2016), p. 1660.

16 Tabela dos 14 dízimos

Dízimo	Hebraico	Anos						
		1	2	3	4	5	6	7
1. Para os levitas	*Ma'aser rishon*	*	*	*	*	*	*	
2. Para as festas	*Ma'aser sheni*	*	*	*	*	*	*	
3. Para os pobres	*Ma'aser ani*			*			*	

Essa tabela foi inspirada no artigo de Yohanes Verdianto, que argumenta que o segundo dízimo era usado para comprar comida e bebidas fermentadas para as festas, um tema raramente tratado no meio cristão. Yohanes Verdianto, Second Tithe and Wine: A Historical and Theological Study of Deuteronomy 14:22-29, *Syntax Idea*, vol. 3, n. 9, set. 2021. Disponível em: https://jurnal.syntax-idea.co.id/index.php/syntax-idea/article/view/1462/914. Acesso em: 9 fev. 2024.

17 Tabela dos 12 dízimos

Dízimo	Hebraico	Anos						
		1	2	3	4	5	6	7
1. Para os levitas	*Ma'aser rishon*	*	*	*	*	*	*	
2. Para as festas	*Ma'aser sheni*	*	*		*	*		
3. Para os pobres	*Ma'aser ani*			*			*	

47

DÍZIMO: O QUE MAIS IMPORTA?

CHABAD. Maaser — Tithing in Torah and Jewish Law. Chabad.org. 2019. Disponível em: https://www.chabad.org/library/article_cdo/aid/4266406/jewish/Maaser-Tithing-in-Torah-and-Jewish-Law.htm. Este texto argumenta que havia uma substituição do dízimo das festas e dos pobres no terceiro e sexto anos. Acesso em: 9 fev. 2024.

18 James Strong; John Mcclintock, Tithe, *The Cyclopedia of Biblical, Theological, and Ecclesiastical Literature* (Nova York: Haper and Brothers, 1880), disponível em: https://www.biblicalcyclopedia.com/T/tithe.html. Acesso em: 9 fev. 2024.

19 Conversei com o dr. David Croteau no dia 6 de janeiro de 2023. Ele fez sua tese de doutorado sobre o dízimo e mantém um blog, *Slave of the Word* (www.slaveoftheword.blogspot.com), onde já postou informações interessantes sobre o assunto.

20 SOUTHERN SEMINARY. Is Tithing Biblical? *YouTube*, 2017. Disponível em: https://www.youtube.com/watch?v=FnDKgXCHfGU. Acesso em: 9 fev. 2024.

21 MISHNEH TORAH 6. Trad. de Eliyahu Touger. Disponível em: https://www.sefaria.org/Mishneh_Torah%2C_Gifts_to_the_Poor.6.2?lang=en. Acesso em: 9 fev. 2024.

22 A prática de entregar os primeiros frutos aos sacerdotes é ordenada em Deuteronômio 18:1-5, mas sua porcentagem não está explícita na lei. Portanto, a tradição rabínica definiu esse valor de acordo com Ezequiel 45:13-15, afirmando ser, no mínimo, 1/60, ou cerca de 2%. Toby Janicki. *What about Tithing?*, p. 8.

23 Encontrei essa expressão muito interessante em Edward A. Powell; Rousas John Rushdoony. *Tithing and Dominion* (Vallecito: Poss House, 1979), p. 18. Em suas palavras, "Deus ordenou não apenas os primeiros frutos, mas também os últimos frutos, ou seja, as frutas nos galhos mais altos, os grãos nas extremidades do campo [...] esses últimos frutos eram para ser deixados aos pobres". Os primeiros frutos e últimos frutos não são a mesma coisa que dízimo, mas os listei aqui para ter uma noção mais precisa das entregas de alimentos segundo a lei.

24 Segundo a Mishná, os últimos frutos deveriam ser de, no mínimo, 1/60. MISHNA PEAH 1:2. Trad. de Joshua Kulp. Disponível em: https://www.sefaria.org/Mishnah_Peah.1?lang=en. Acesso em: 9 fev. 2024.

25 Adam Chodorow, *Maaser Kesafim and the Development of Tax Law*, p. 160.

26 Conforme o exemplo de 100 kg de trigo, os 14 dízimos somariam 22,2 kg nos anos 1, 2, 4 e 5, e 30 kg nos anos 3 e 6. Com 22,2% de dízimo em quatro anos e 30% de dízimo em dois, a média do ciclo seria de 24,8%.

27 Rony Gurwicz, Saiba tudo sobre dízimo. YouTube, 2021. Disponível em: https://www.youtube.com/watch?v=kOB9UkSBP7o. Acesso em: 9 fev. 2024. Esse vídeo mostra de forma bem clara a dedução dos primeiros frutos antes de dar o dízimo e a ordem das ofertas conforme a tradição judaica.

28 Toby Janicki, *What about Tithing?*, p. 23.

29 Stuart Murray, *Beyond Tithing*.

30 Toby Janicki, *What about Tithing?*, p. 26.

31 Toby Janicki, *What about Tithing?*, p. 78.

32 Celice Rice, *Bible Verses about Tithing* (KJV) (Inspiring Tips, 2022), disponível em: https://inspiringtips.com/kjv-bible-verses-tithing/. Acesso em: 9 fev. 2024.

33 Desemond Mbantoh, *Does the Bible Actually Say to Give 10 Percent?* (Best of Christianity, 2020), disponível em: https://bestofchristianity.com/does-the-bible-actually-say-to-give-10-percent/. Acesso em: 9 fev. 2024.

34 Craig S. Keener; John H. Walton (eds.). *NIV Cultural Backgrounds Study Bible*, p. 1660.

35 Toby Janicki, What about Tithing?, p. 7.

36 POSITIVAMENTE PODCAST. Rodrigo Silva comenta a prática do dízimo. YouTube, 2022. Disponível em: https://www.youtube.com/watch?v=8DCbJ4Zm3bc. Acesso em: 9 fev. 2024.

37 O Banco Central Europeu define "moeda" como "meio de troca; uma forma de pagamento ou uma unidade de conta, que permite atribuir preços a bens e serviços". Banco Central

Europeu. *O que é a moeda?* Disponível em https://www.ecb.europa.eu/ecb/educational/explainers/tell-me-more/html/what_is_money.pt.html. Acesso em: 9 fev. 2024.

38 Gary M. Burge; Gene L. Greenn, *The New Testament in Antiquity* (Grand Rapids: Zondervan Academic, 2000), ed. digital. A terra era essencial para a religião judaica. Alguns estudiosos até acreditam que a "terra" é o tema central de toda a fé bíblica. Isso explica as consequências devastadoras da destruição de Jerusalém tanto em 586 a.C. como em 70 d.C. Muitos se perguntaram: Como Israel poderia viver sua vida longe de sua terra?

39 MISHNAH MAASROT 1:1. Trad. de Joshua Kulp. Disponível em: https://www.sefaria.org/Mishnah_Maasrot.1.1?lang=bi&with=all&lang2=en. Acesso em: 9 fev. 2024.

40 HaKohen, *The Concise Book of Mitzvoth*, p. 285, apud Toby Janicki, *What about Tithing?*, p. 7.

41 James Quiggle, *Why Christians Should Not Tithe* (Eugene: Wipf & Stock, 2009), ed. digital.

42 Bíblia de Jerusalém. Mateus 23:23 (São Paulo: Edições Paulinas, 1973), p. 1882.

43 Craig S. Keener; John H. Walton (eds.), *NIV Cultural Backgrounds Study Bible*, p. 1660.

44 Not Everyone Tithed Under the Law of Moses. New Vision Ministries. Disponível em: http://www.newvisionministriesonline.org/not-everyone-tithed-under-the-law-of-moses/. Acesso em: 9 fev. 2024.

45 Ken Lawson, Facts of Tithing, *Berean Bible Society*. Disponível em: https://www.bereanbiblesociety.org/facts-on-tithing/. Acesso em: 9 fev. 2024.

46 Lawrence Richards, *Comentário histórico-cultural do Novo Testamento*, 2. ed., tradução de Degmar Ribas Júnior (Rio de Janeiro: CPAD, 2021), ed. digital.

47 Alfred Edersheim, *The Temple*: Its Ministries and Services. Disponível em: https://ccel.org/ccel/e/edersheim/temple/cache/temple.pdf, p. 209. Acesso em: 9 fev. 2024.

48 Para mais detalhes sobre o fato de não haver dízimo além do território de Israel (Terra Prometida), veja Toby Janicki, What about Tithing?, p. 7-8.

49 Toby Janicki, *What about Tithing?*, p. 8.

50 Russel E. Kelly, *Should the Church Teach Tithing?*, p. 8.

51 JUBILEE CHURCH LONDON. Tithing | R. T. Kendall. YouTube, 2019. Disponível em: https://www.youtube.com/watch?v=gCO0HSSVln0. Acesso em: 9 fev. 2024.

52 IGREJA BATISTA NAÇÕES UNIDAS. 180 Graus | EP 69 | A Contribuição Financeira | Luiz Sayão, Susie Lee e André Castilho. YouTube, 2020. Disponível em: https://www.youtube.com/watch?app=desktop&v=tShzGoTgBYQ. Acesso em: 9 fev. 2024.

O dízimo
no Antigo
Testamento

O dízimo não se restringia a mantimento

O primeiro dízimo supria necessidades dos levitas que trabalhavam na tenda e, posteriormente, no templo: "Dou aos levitas todos os dízimos em Israel como herança pelo serviço que realizam na tenda do encontro" (Nm 18:21).

Contudo, o propósito do dízimo não era apenas ser acumulado no "depósito do templo, para que haja alimento" na casa de Deus (Ml 3:10). A lei não instituía o dízimo com o fim único de sustentar líderes religiosos e o templo, mas também para viabilizar atividades comunitárias e ajudar os necessitados. Ela beneficiava três grupos com o dízimo: levitas, toda a comunidade durante as festas, e os pobres.[1] O caso dos levitas é o mais conhecido; vejamos, a seguir, o que significavam os dois outros casos.

DÍZIMO PARA AS FESTAS

Nas festas, o dízimo era desfrutado por toda a nação: "Comam o dízimo do cereal, do vinho novo e do azeite, e a primeira cria de todos os seus rebanhos na presença do Senhor" (Dt 14:23).

Já pensou desfrutar seu próprio dízimo em uma celebração comunitária? Os israelitas faziam isso diante de Deus.

PARTE I: O QUE É DÍZIMO?

John Piper diz que "o dízimo não deveria ser reduzido apenas à função pragmática de pagar os sacerdotes e sustentar o templo. Era uma expressão de alegria e gratidão".[2] Longe de ser um fardo, o dízimo para as festas era uma forma de festejar em família e comunidade.[3] Era uma espécie de "plano de poupança" para celebrar os festivais diante de Deus.[4]

O povo ia a Jerusalém três vezes por ano para as festas (Êx 23:14-17). A lei dizia que ninguém deveria se apresentar diante do Senhor de mãos vazias, mas trazer ofertas conforme as bênçãos recebidas (Dt 16:16-17). Entretanto, como os levitas, pobres, viúvas, órfãos e estrangeiros que não tinham terras apresentariam suas ofertas? A lei ordenava que os demais não se esquecessem deles (Dt 14:27-29; Lv 25:35-38). A ideia das festas era que todos celebrassem alegremente diante do Senhor, compartilhando o alimento em comunidade. Maimônides (1138-1204), uma das principais figuras intelectuais do judaísmo medieval, registra:

> o segundo dízimo foi ordenado para ser gasto com alimento em Jerusalém. Dessa forma, o proprietário era compelido a dar parte como caridade, pois não poderia usá-lo de outra forma que não fosse comendo e bebendo. Essa lei reunia multidões em um só lugar e fortalecia o vínculo de amor e irmandade entre os homens.[5]

Como o dízimo para as festas era *apenas* para ser comido pelo povo na presença de Deus, ele cumpria um papel comunitário. Seu benefício era tanto para os donos de terras, que comiam da abundância de seu próprio dízimo, quanto para os necessitados, que desfrutavam ao lado dos que tinham mais que o suficiente para si mesmos.

DÍZIMO AOS POBRES

Havia também o dízimo destinado aos pobres a cada três anos, que era armazenado nas cidades:

> – Ao final de cada três anos, tragam todos os dízimos da colheita do terceiro ano, armazenando-os nas cidades de vocês, para que os levitas, que não possuem propriedade nem herança, os estrangeiros, os órfãos e as viúvas que vivem nas cidades de vocês venham comer e saciar-se, e para que o SENHOR, o seu Deus, os abençoe em todo o trabalho das mãos de vocês (Dt 14:29).

Como visto anteriormente, o propósito desse dízimo era ser um instrumento de justiça, e não se tratava de uma *exigência para todos.* Os que produziam na terra e enriqueciam na sociedade israelita deveriam apresentar diante de Deus seus dízimos a cada três anos para ajudar os marginalizados socialmente — viúvas sem sustento, refugiados de outros povos, miseráveis sem expectativa de vida, enfermos, órfãos, desabrigados. Isso revela um claro propósito na Torá de "lançar a base de um estado social em que a pobreza extrema e necessidade indigna fossem desconhecidas".[6]

Assim, o dízimo não tinha apenas o propósito de servir de mantimento; ele também tinha um propósito social. Como escreve Frank Chase Jr., "o dízimo é um exemplo fascinante de um elemento antiaristocrático presente no início da história judaica. O dízimo era o programa de bem-estar social judaico".[7] Assim como a fantástica lei do jubileu, que cancelava todas as dívidas e libertava os escravos a cada cinquenta anos (Lv 25:8-55), o dízimo era uma legislação que impedia a desigualdade extrema, a riqueza excessiva de donos de terra e a miséria dos que não possuíam terra.

PARTE I: O QUE É DÍZIMO?

Por isso, o teólogo D. A. Carson diz que "devemos cuidar para não isolar o dízimo das demandas bíblicas mais amplas de generosidade e justiça social".[8] A realidade é que "o dízimo só faz sentido dentro de um contexto em que o sistema funciona para cumprir com a justiça, a misericórdia e a fidelidade".[9]

O CASO DE NEEMIAS

Ao longo da Bíblia, há algumas histórias que mostram o dízimo sendo praticado pelos israelitas, como as de Ezequias e Neemias.[10] Quando Neemias reconstruiu os muros e a cidade de Jerusalém, ele determinou que a lei fosse cumprida e as contribuições dos primeiros frutos, dízimos e ofertas fossem entregues (Ne 12:44-45; 13:10-12). A razão de Neemias para reinstituir o dízimo foi *não negligenciar o templo de Deus* e providenciar sustento aos levitas, que não tinham terra (10:37-39).

Lida de forma superficial, essa passagem de Neemias parece dizer que cumprir a lei do dízimo é sustentar os levitas. Contudo, Neemias não apenas instituiu o dízimo dos levitas aos donos de terra. Ele fez justiça ao povo que não tinha terra. Judeus pobres tomavam empréstimos dos donos de terra para não morrerem de fome. Estes, porém, cobravam juros em cima dos empréstimos e tomavam as filhas de seus devedores e as vendiam como escravas (5:1-5)! Neemias se revoltou contra essa exploração e se reuniu com os donos de terra para exigir o fim dos juros, para *devolverem as terras e perdoarem as dívidas* (imagine o custo disso!). E assim eles fizeram (5:6-13).

Ou seja, o dízimo foi entregue pelos donos de terra para cumprir a lei. Mas não seria justo apenas entregar o dízimo aos levitas. A justiça aos irmãos pobres na época de Neemias

55

veio atrelada à instituição do dízimo. O que aconteceu primeiro foi a aplicação das leis que cancelavam dívidas (Dt 15:1) e proibiam negligenciar o irmão pobre (v. 7-11). Depois foi colocado em prática o dízimo para o sustento de levitas. Neemias estabeleceu um *pacote de justiça* aos pobres, endividados e levitas que não tinham terra.

Em resumo, o dízimo das festas tinha um fim comunitário. O dízimo dos pobres tinha um fim socioeconômico. O dízimo, em Neemias, não foi instituído apenas para cumprir a lei, mas acompanhou uma reforma social que proporcionava justiça aos mais necessitados. Claramente, o dízimo tinha um propósito muito mais amplo do que pagar contas; ele foi desenhado para ser um instrumento de comunhão e justiça.

O dízimo não é uma moeda de troca

Os livros proféticos da Bíblia trazem apenas duas passagens sobre dízimo. Uma é bem desconhecida, e trataremos dela mais adiante. A outra é indiscutivelmente a mais exposta em igrejas brasileiras quando se fala de dízimos, ofertas e contribuições:

– Pode um homem roubar a Deus? Contudo, vocês estão me roubando. Ainda perguntam: "Em que te roubamos?".

– Nos dízimos e nas ofertas. Vocês estão debaixo de grande maldição, porque estão me roubando; a nação toda está me roubando.

– Tragam o dízimo todo ao depósito do templo, para que haja mantimento na minha casa. Ponham-me à prova nisto – diz o Senhor dos Exércitos –, e vejam se não vou abrir as comportas dos céus e derramar sobre vocês

PARTE I: O QUE É DÍZIMO?

tantas bênçãos que nem terão onde guardá-las. Por vocês, repreenderei a praga devoradora, para que não destrua os frutos da terra nem as videiras se tornem estéreis nos campos – diz o Senhor dos Exércitos (Ml 3:8-11).

Muitos acreditam que essa passagem de Malaquias se aplica diretamente a todos os cristãos. Mas, como vimos nos capítulos anteriores, o dízimo em Israel não era apenas um; não era fixado em exatos 10%; não era destinado apenas ao depósito do templo; e não era exigido dos pobres, mas compartilhado com eles. Ou seja, ainda que usássemos o texto de Malaquias como referência para cristãos, seria necessário considerar pelo menos essas quatro características do dízimo na lei.

Mas a pergunta-chave aqui é: Deus promete abençoar os dizimistas?

Dar o dízimo não é garantia de prosperidade ou de que nada irá faltar.[11] Em muitas igrejas, o dízimo tem sido ensinado como *moeda de troca*. O texto de Malaquias é comumente usado para justificar que "Há uma promessa de Deus para os dizimistas. Ele vai abrir a porta dos céus. Ele vai derramar bênçãos sem medidas"[12]; bem como "Brincar com Deus no tocante ao dízimo traz juízo!".[13] Assim, quem dá receberá bênção; quem não dá receberá maldição. Quem dá santificará o 90%; quem não dá terá os 100% *devorados*.

No entanto, esse texto de Malaquias pode ser aplicado assim?

De forma geral, essa lógica de bênção e maldição é baseada na aliança entre Deus e o povo de Israel (Dt 28). Como escreve o pastor assembleiano Altair Germano, "o livro do profeta Malaquias foi escrito especificamente para o povo de Israel. Sua mensagem profética tem a sua razão e o seu lugar próprio no tempo, e no espaço", e assim precisa ser

57

compreendida sob os termos da Antiga Aliança.[14] A ideia do dízimo como moeda de troca não encontra bases no ensino de Jesus ou dos apóstolos. O Novo Testamento traz diversas passagens que são opostas à lógica retributiva de dar *para* receber. Assim, penso que há pelo menos cinco pontos para contestar a lógica da moeda de troca no ensino atual sobre dízimo:

1. Dar o dízimo buscando recompensa não é cristão

"Dê, *e* Deus o abençoará" é bíblico e cristão (veja Lc 6:38; Pv 11:25). Mas "Dê *para* Deus abençoá-lo" não é. A diferença entre "e" e "para" é a intenção do coração. Quem fala de dar *para* Deus abençoar fala sobre retribuição, e não sobre desprendimento. É uma barganha, não uma renúncia. Há quem diga: "Se você não der o dízimo, sua vida vai ser como rabo de cavalo, vai crescer só para trás".[15] Contudo, a vida cristã deve estar focada em amar a Deus, e não em temer a maldição. Se o objetivo da entrega for a retribuição, isso está incompatível com a mensagem de Jesus, que disse: "Façam o bem sem esperar receber nada de volta" (Lc 6:35).[16]

Como disse o monge alemão Thomas à Kempis (1380-1471): "Jesus tem muitos que amam seu reino celestial, mas poucos que carregam sua cruz. Muitos que desejam consolo, mas poucos, a tribulação. Muitos se sentarão à mesa com ele, mas poucos compartilharão seu jejum. Todos querem se alegrar com ele, mas poucos desejam com ele sofrer [...] Onde se encontrará alguém disposto a servir a Deus sem procurar uma recompensa?".[17] A vida cristã se evidencia não no quanto se ganha, mas no quanto se está disposto a renunciar ao encontrar o precioso tesouro da vida com Cristo (Mt 13:44-46). Ser cristão não se trata de ganhar muito porque muito dei; trata-se de dar muito porque muito ganhei.

2. Dar o dízimo não é garantia de proteção contra o Diabo

A promessa de Deus abrir as portas dos céus e repreender as pragas (Ml 3:11) não está condicionada à entrega do dízimo. A bênção depende de uma *postura de arrependimento* que muda a motivação no ato da doação.[18] Por isso, Deus diz: "Voltem para mim, e eu voltarei para vocês" (Ml 3:7). Deus busca um coração entregue a ele, e não dízimos e ofertas oferecidos religiosamente por um coração obstinado.

Alguns ensinam que dar o dízimo garante bênçãos materiais e serve de seguro contra desastres e adversidades. Contudo, dar o dízimo não coloca Deus contra a parede, obrigando-o a abençoar. Deixar de dar o dízimo não dá permissão para o Diabo destruir sua vida. Afinal, como diz o hermeneuta Marcos Botelho, o *devorador* em Malaquias não tem nada a ver com o Diabo comer suas finanças.[19] Trata-se de pragas que destruíam as plantações do povo judeu, algo que estava previsto nos termos da aliança do Antigo Testamento.

O que mais vale para Deus não é o ato de dar, mas a integridade do doador. A primeira oferta a ser aceita é o doador, depois é a doação. Foi assim com Caim e Abel, com Ananias e Safira. Por isso, Deus diz aos mesquinhos e enganadores: "não tenho prazer *em vocês,* e não aceitarei suas ofertas" (Ml 1:10). Para Deus, a doação não é um ato matemático; trata-se de uma vitrine do caráter, na qual Deus vê a intenção, o propósito e o estilo de vida do doador. O ato de entregar 10% da renda à igreja não muda em nada o quanto Deus vai protegê-lo do Diabo. Deus protege seus filhos, e o Maligno não os atinge (1Jo 5:18) por sua infinita graça, e não por mérito de quem doa.

DÍZIMO: O QUE MAIS IMPORTA?

3. Dar o dízimo não é garantia de agradar a Deus

Em toda a minha vida, nunca ouvi alguém ensinar sobre a referência ao dízimo feita no livro de Amós. Essa é a única outra menção ao dízimo nos profetas. Esse livro fala, em tom sarcástico, que dar o dízimo e permanecer em pecado, oprimindo os necessitados, não serve para nada:

> Ouçam esta palavra, [...] vocês que oprimem os pobres, esmagam os necessitados e dizem aos senhores deles: "Tragam bebidas, e vamos beber!". O Soberano SENHOR jurou pela sua santidade: "Certamente chegará o tempo em que vocês serão levados com ganchos, e os últimos de vocês, com anzóis [...] Vão a Betel e ponham-se a pecar; vão a Gilgal e pequem ainda mais. Cada manhã, ofereçam os seus sacrifícios e, no terceiro dia, os seus dízimos. Queimem pão fermentado como oferta de gratidão e proclamem em toda parte as suas ofertas voluntárias. Anunciem-nas, israelitas, pois é isso que vocês gostam de fazer", declara o Soberano SENHOR (Amós 4:1-2,4-5).

Amós não condena o dízimo em si, mas enfatiza que o que agrada a Deus é uma vida justa.[20] Como disse o teólogo Russell Champlin: "O trecho de Amós 4:4 mostra que o legalismo e os abusos contra o dízimo já haviam invadido a prática na época."[21] O povo entregava o dízimo com entusiasmo e apregoava sua generosidade, mas não possuía um relacionamento vivo com Deus.[22]

Se há uma mensagem que Deus diz por toda a Bíblia, especialmente nos profetas, é: *volte-se para mim, não com ritos nem com aparência, mas com o coração*. As seguintes palavras do profeta Isaías foram citadas por Jesus: "Este povo se aproxima de mim com a boca e me honra com os lábios, mas o seu coração está longe de mim. A adoração

PARTE I: O QUE É DÍZIMO?

que me prestam é feita só de mandamentos ensinados por homens" (Is 29:13; Mt 15:8-9). Jesus ecoa as palavras de Amós sobre dar o dízimo e perder a essência (Lc 18:9-14). Adorar a Deus cumprindo regras, mas sem rasgar *o coração*, não tem valor (Jl 2:12-13).

Também está escrito em Isaías: "Parem de trazer ofertas inúteis! O incenso de vocês é detestável para mim. Festas da Lua Nova, sábados e reuniões! Não consigo suportar as suas assembleias cheias de iniquidade! Odeio as suas Festas da Lua Nova e as suas festas fixas. Tornaram-se um fardo para mim; não as suporto mais! Quando vocês estenderem as mãos em oração, esconderei de vocês os meus olhos; mesmo que multipliquem as suas orações, não as escutarei! As suas mãos estão cheias de sangue! Lavem-se! Limpem-se! Removam as suas más obras para longe dos meus olhos! Parem de fazer o mal! Aprendam a fazer o bem! Busquem a justiça; defendam o oprimido. Lutem pelos direitos do órfão; defendam a causa da viúva" (1:13-17). Dar o dízimo mas viver injustamente é inútil perante Deus. O que lhe agrada é que pratiquemos a justiça, amemos a fidelidade e andemos humildemente com ele (Mq 6:8).

4. O dízimo não se trata de você, mas do outro

Há um contraste marcante entre os dizimistas em Amós, que praticavam a idolatria e gostavam de exibir suas doações, e os dizimistas em 2Crônicas, que deram abundantemente e de todo o coração.[23] Quando os israelitas retornaram à prática de dar o dízimo na época do rei Ezequias, eles "deram *com generosidade* o melhor do trigo, do vinho, do óleo, do mel e de tudo o que os campos produziam. Trouxeram o dízimo de tudo" (2Cr 31:5). O rei havia ordenado apenas que o povo desse aos sacerdotes e levitas a porção que lhes era devida (v. 14)

DÍZIMO: O QUE MAIS IMPORTA?

— o que era justo a uma tribo desprovida de terra. Mas o povo foi além. Eles cumpriram o *espírito da lei* ao serem generosos, doando a ponto de ainda sobrar muita comida do dízimo para os sacerdotes (v. 9-10). E então Deus os abençoou e os fez prosperar (v. 20-21).

Creio que uma definição mais cristocêntrica de prosperidade é "ser bem-sucedido em trazer benefícios a outros". O justo é como uma árvore plantada que dá fruto no tempo certo, e tudo o que faz prospera (Sl 1:3). Como afirma John Collins, especialista em Antigo Testamento: "Uma árvore dá fruto não para si mesma, mas para outros. Assim, quando o justo prospera, não é apenas para si mesmo, nem é a prosperidade necessariamente material, mas ele é bem-sucedido em trazer benefícios a outros."[24] Comparando a prática do dízimo nas histórias de Amós e Ezequias, vemos que ter um coração generoso é muito mais importante para Deus que cumprir um rito. Dar não se trata de como você é recompensado, mas de como o outro é suprido.

5. Dar o dízimo não evita que você caia em maldição

Por último, uma nota de exortação, feita com muito amor. Certa vez, visitando uma megaigreja em Londres, ouvi um líder dizendo: "Traga seus dízimos à igreja para não cair em maldição." Eu já ouvi coisas assim muitas outras vezes. Esse pensamento sempre me chocou. Para mim, *não há como um cristão estar sob maldição,* pois não há mais condenação para os que estão em Cristo (Rm 8:1-4).

Contudo, o apóstolo Paulo afirma que "os que se apoiam na prática da lei estão debaixo de maldição" (Gl 3:10).[25] Irônica e tragicamente, os legalistas que acusam outros de serem malditos por não dizimarem é que estão se colocando sob o jugo da lei. Cristo nos redimiu da maldição da lei quando se

PARTE I: O QUE É DÍZIMO?

tornou maldição em nosso lugar (Gl 3:13). Mas, se queremos seguir a lógica da lei, nos sujeitamos à sua inevitável maldição, pois nunca seremos capazes de cumpri-la plenamente!

Por isso, os apóstolos orientam os seguidores de Cristo a viverem conforme a *lei da liberdade* (Tg 2:10-12). Não mais em um sistema de recompensas, retribuições e moedas de troca, mas livres para servir uns aos outros mediante o amor (Gl 5:13). Até quando cristãos continuarão dando o dízimo com o interesse de serem prósperos e temendo a maldição, sob um ensino que ata fardos pesados sobre os ombros de tantas pessoas?

Não é a prática de dar uma porcentagem específica a Deus que fará você prosperar. Em Amós, o povo dava dízimos e ofertas regularmente, mas fazia isso com o coração longe de Deus. Você pode dizimar fielmente, mas estar longe de Deus. Ou pode até dizimar e estar perto de Deus, mas se endividar por não ter uma boa gestão financeira.

Dizimar não é garantia de que tudo vai dar certo. O princípio que o Novo Testamento defende é o da bênção de Deus sobre a *generosidade*: "Aquele que semeia pouco também colherá pouco, e aquele que semeia com fartura também colherá fartamente" (2Co 9:6). Isso não quer dizer que dar 10% de sua renda é necessariamente ser generoso — você pode ter uma fortuna em bens, mas um salário modesto —, nem que, se der materialmente, receberá muito mais de volta em termos materiais.

Ser um cristão próspero é ser bem-sucedido em trazer benefícios *a outros*. Sob esse ponto de vista, o dízimo pode sim trazer bênçãos divinas, ao providenciar suprimento para os líderes e para a missão da igreja e ajudar os necessitados. Mas ele não deve ser tratado como um amuleto para obter prosperidade individual. Pensar dessa forma tira Cristo e coloca você mesmo no centro de sua vida. Já houve uma Reforma quinhentos anos atrás para acabar com a prática

DÍZIMO: O QUE MAIS IMPORTA?

de dar para ganhar um pedaço do céu. Talvez precisemos de outra para acabar com a prática de dar para ganhar um pedaço da terra.

Notas

1 Vale notar que o dízimo não foi utilizado apenas para prover mantimento aos levitas (fim religioso), às festas (fim comunitário) e aos pobres (fim socioeconômico), mas também aos reis (fim político) (1Sm 8:10-17). Conforme o costume da época, os reis requeriam a décima parte das colheitas e dos rebanhos como forma de imposto. Isso significa que, possivelmente, no período dos reis, o israelita deveria dar os três dízimos e mais a décima parte dos reis, sem contar as ofertas voluntárias, os impostos do templo e tributo a outros governos, como na época dos romanos. Contudo, o dízimo (ou imposto) dos reis não foi estabelecido pela lei mosaica.

2 John Piper, I Seek Not What Is Yours but You, *A Sermon on Tithing* (Desiring God, 1982), disponível em: https://www.desiringgod.org/messages/i-seek-not-what-is-yours-but-you. Acesso em: 9 fev. 2024.

3 R. C. Sproul, *Reformation Study Bible* (Sanford: Ligonier Ministries, 2016), Deuteronomy 14:23. Disponível em: https://www.biblegateway.com/resources/reformation-study-bible/Deut.14.23. Acesso em: 9 fev. 2024.

4 Toby Janicki, *What about Tithing?*, p. 10.

5 Moses Maimonidaes, *The Guide for the Perplexed*, 4. ed., tradução de M. Friedländer (Nova York: E. P. Dutton, 1904), p. 339. Disponível em: https://oll.libertyfund.org/title/friedlaender-a-guide-for-the-perplexed. Acesso em: 9 fev. 2024.

6 GEORGE, Henry. Moses: Apostle of Freedom apud SACKS, Jonathan. *The Second Tithe and Strong Societies*. The Rabbi Sacks Legacy, 2014. Disponível em: https://www.rabbisacks.org/covenant-conversation/reeh/the-second-tithe-and-strong-societies/" \l "_ftnref1. Acesso em 27 maio 2024.

7 Frank Chase Jr., *A Tithing Study* (SlideShare, 2017). Disponível em: https://www.slideshare.net/pacof1234/a-tithing-study-presentation-by-dr-frank-chase-jr. Acesso em: 9 fev. 2024.

8 CARSON, D. A. Are Christians Required to Tithe? *Christianity Today*, vol. 43, n. 13, 1999. p. 94.

9 MURRAY, Stuart. *Beyond Tithing*.

10 Bill T. Arnold; H. G. M. Williamson, *Dictionary of the Old Testament*: Historical Books (Downers Grove: IVP Academic, 2005), ed. digital. De acordo com os autores, "aparentemente, o avivamento em Israel está sempre ligado a uma renovação do sistema de ofertas e dízimos do Pentateuco que parece ter sido esquecido ou negligenciado com o passar do tempo".

11 PASTOR ANTÔNIO JUNIOR. Dízimo – só assista se você quer saber a verdade sobre dar o dízimo na igreja. YouTube, 2021. Disponível em: https://www.youtube.com/watch?v=KRmHLnfhnZg. Acesso em: 9 fev. 2024.

12 Leo Capochim. Adoração e entrega, uma palavra sobre dízimos e ofertas. YouTube, 2016. Disponível em: https://www.youtube.com/watch?v=01Ssmr1mghA. Acesso em: 9 fev. 2024.

13 Luciano Subirá. *Uma questão de honra*: o valor do dinheiro na adoração (Curitiba: Orvalho, 2004), p. 36.

14 Altair Germano, O dízimo em Malaquias, *Projeto Mobilização*, 2012. Disponível em: http://projeto-mobilizacao.blogspot.com/2012/12/o-dizimo-em-malaquias.html?m=1. Acesso em: 9 fev. 2024.

PARTE I: O QUE É DÍZIMO?

15 Lucinho Barreto. Por que dar o DÍZIMO | Pr. Lucinho. YouTube, 2019. Disponível em: https://www.youtube.com/watch?v=zkrpIj83Eck. Acesso em: 9 fev. 2024.

16 A lógica de retribuição da lei (dar e ser abençoado; não dar e ser amaldiçoado) é apenas uma sombra do ensino superior de Jesus (dar sem esperar retorno algum).

17 Apud Matheus Ortega, *Economia do Reino*, p. 148.

18 Craig S. Keener; John H. Walton (eds.), *NIV Cultural Backgrounds Study Bible*, p. 1575.

19 Marcos Botelho. O devorador destruirá as finanças de quem não dá o dízimo?, 2017. Disponível em: https://marcosbotelho.com.br/2017/05/12. Acesso em: 9 fev. 2024.

20 Philip Igbo. *The Over-Emphasis on the Paying of Tithe and the Quest for Materialism among Religious Leaders*, p. 198.

21 Russell Norman Champlin, *Novo dicionário bíblico* (São Paulo: Hagnos, 2018), ed. digital.

22 R. C. Sproul, *Reformation Study Bible*. Amos 4:4-5.

23 John W. Anderson, *A Study of the Biblical Basis for Tithing*, p. 19.

24 John Collins, Psalms 1:3, *ESV Study Bible* (Wheaton: Crossway, 2018).

25 De acordo com a *NIV Study Bible*, Paulo diz que permanecia sob a maldição da lei o grupo de judeus cristãos (judaizantes) que considerava a lei mosaica como vinculante para todos os cristãos. *NIV Study Bible Notes*, Fully Revised Edition (Grand Rapids: Zondervan, 2020), ed. digital. Nota em Gálatas 3:10.

O dízimo
no Novo
Testamento

O dízimo não é o que mais importa para Jesus

É fundamental compreender como Jesus tratou o assunto e o que ele falou (ou deixou de dizer).[1] Estas são suas palavras sobre o dízimo:

> – Ai de vocês, mestres da lei e fariseus, hipócritas! Pois vocês dão o dízimo da hortelã, do endro e do cominho, mas têm negligenciado os preceitos mais importantes da lei: a justiça, a misericórdia e a fidelidade. Vocês devem praticar estas coisas, sem negligenciar aquelas (Mt 23:23).

Antes de entrar na discussão se Jesus sancionou ou não o dízimo para seus seguidores ao dizer "sem negligenciar aquelas", é extremamente necessário reforçar o que Jesus disse ser mais importante. Ele sublinhou uma parte, mas nós temos a tendência de sublinhar outra. A ênfase de Jesus nesse texto é que há preceitos *mais importantes* na lei: justiça, misericórdia e fidelidade. Isso é o que mais importa para Deus.[2]

Essa mesma passagem, no Evangelho de Lucas, traz palavras um pouco diferentes:

PARTE I: O QUE É DÍZIMO?

> – Ai de vocês, fariseus, pois vocês dão o dízimo da
> hortelã, da arruda e de toda sorte de hortaliças, mas
> desprezam a *justiça* e o *amor de Deus*! Vocês deveriam
> praticar estas coisas sem desprezar aquelas (Lucas 11:42).

Aos três preceitos anteriores — justiça, misericórdia e fidelidade — Lucas acrescenta uma palavra que resume o que é o mais importante aos olhos de Deus: o amor. Comentando essa passagem, Calvino explica que o cristianismo começa no amor, não em dízimos ou preceitos *menores*. Para ele, os fariseus subverteram a ordem natural, dedicando-se às questões menores quando deveriam começar pelos pontos principais. Como Calvino analisa, o dízimo é "uma espécie de apêndice".[3] O *mais importante* é o amor a Deus e ao próximo, e isso deve vir primeiro, estar acima e ser maior que qualquer outra lei (Mt 22:37-40).

Não há como seguir a lei sem seguir o amor. O apóstolo Paulo explica isso claramente: "O amor é o cumprimento da lei" (Rm 13:10). De nada vale dar o dízimo e ofertas exuberantes, nem dedicar uma vida toda para ajudar os pobres, e faltar em amor (1Co 13:3). O amor necessariamente deve preceder a doação para agradar a Deus.

O que Jesus ensina é que há algo *mais profundo* que o dízimo: o amor, a justiça, a misericórdia e a fidelidade. Os fariseus eram extremamente zelosos em dar o dízimo até das hortaliças, mas falhavam no principal. Era como se sua doação meticulosa lhes desse mérito perante Deus e as pessoas. Mas nenhuma oferta nem dízimo poderiam preencher o espaço deixado pela falta desses princípios. Como legalistas, eles estavam dispostos a dar o dízimo de tudo, mas não a praticar o amor ao próximo (Mt 23:14).

A única outra ocasião em que Jesus menciona o dízimo é na parábola do fariseu e do publicano. Nessa história, o cobrador

DÍZIMO: O QUE MAIS IMPORTA?

de impostos que pediu por misericórdia foi quem saiu justificado diante de Deus, não o fariseu que dava o dízimo.

> O fariseu, em pé, orava no íntimo: "Deus, eu te agradeço porque não sou como os outros homens – ladrões, injustos, adúlteros – nem mesmo como este publicano. Jejuo duas vezes por semana e dou o dízimo de tudo quanto ganho".
> – O publicano, porém, ficou a distância. Ele nem sequer ousava olhar para o céu, mas, batendo no peito, dizia: "Deus, tem misericórdia de mim, que sou pecador".
> – Eu digo que este homem, não o outro, foi para casa justificado diante de Deus (Lc 18:11-14).

Para Jesus, reconhecer que carecemos da graça de Deus é *mais importante* do que dar o dízimo para ser aceito por Deus. Ele ensina que o dízimo não deve ser praticado de modo legalista, colocando regras acima de Deus e da necessidade das pessoas, e deixando de considerar os preceitos mais importantes para o Senhor.

Com isso em mente, podemos agora voltar à pergunta em pauta: Jesus ensinou seus seguidores a darem o dízimo ou não? Ao longo da história cristã, essa pergunta tem sido respondida principalmente de duas formas:

- Sim, o dízimo foi **sancionado** por Jesus. Ele ensinou a dar a Deus a décima parte que lhe cabe;
- Não, o dízimo foi **anulado** por Jesus. Ele o mencionou apenas aos judeus que viviam sob o contexto da lei.

O argumento central dos que defendem que o dízimo foi **sancionado** por Jesus é que ele disse: "vocês devem

PARTE I: O QUE É DÍZIMO?

praticar estas coisas." Isso já é suficiente. Ele não aboliu o dízimo,[4] não criticou a observância nem mesmo dos detalhes da lei.[5] Quando se dirigiu aos fariseus, Jesus anunciou verdades universais do reino de Deus. Quando conversou com Nicodemos, disse que "ninguém pode ver o reino de Deus, se não nascer de novo" (Jo 3:3). Esse ensino foi dado a um fariseu, mas se aplica a *todos*. Da mesma forma, Jesus disse: "Dê a César o que é de César e a Deus o que é de Deus" (Mt 22:21) a judeus que viviam sob o império romano, mas o conceito se aplica a *todos*.

Assim, quando Jesus diz aos fariseus: "vocês devem praticar a justiça, a misericórdia e a fidelidade, *sem omitir o dízimo*", ele deixa uma mensagem clara que confirma o dízimo como positivo e relevante a todos. Assim como dizimar era dever dos judeus, os cristãos devem contribuir para sustentar a igreja.[6] Segundo o pastor e escritor Randy Alcorn, "Cristo cumpriu todo o Antigo Testamento, mas não o tornou irrelevante [...]. Embora nem todos os regulamentos específicos se apliquem, os princípios certamente se aplicam, e muitas das diretrizes continuam sendo úteis."[7] O que é de Deus, deve ser dado a Deus; e o que não foi abolido por Jesus não deve ser abolido por ninguém.

O argumento central dos que defendem que o dízimo foi **anulado** por Jesus é que ele não nasceu sob a lei para nos converter ao judaísmo (Gl 4:4-5), mas para *cumprir a lei* e se revelar como o salvador de todo o mundo (Hb 5:8-9). Jesus era judeu, circuncidado ao oitavo dia (Lc 2:21) e cumpriu "tudo o que era exigido pela lei do Senhor" desde a infância (Lc 2:39). Ele ia todos os anos a Jerusalém com os pais para celebrar a Páscoa (Lc 2:41) e estava regularmente na sinagoga (Lc 4:15). Ele cumpria os requisitos da lei conforme era esperado de um judeu. Contudo, ele se submeteu às normas judaicas não para que os gentios fossem como os judeus, mas para que fossem alcançados e glorificassem a Deus (Rm 15:8-9).

DÍZIMO: O QUE MAIS IMPORTA?

Quando mencionou o dízimo, Jesus se dirigia a judeus que estavam sob a lei. Um caso semelhante foi quando curou um leproso e o instruiu para apresentar a oferta conforme a lei de Moisés (Mt 8:4). Se é um dever dar o dízimo porque Jesus disse: "vocês devem praticar estas coisas", seria ainda relevante ofertar conforme a lei? Jesus fala do dízimo em um contexto de preceitos da lei.[8] Ele não ensinou que o dízimo era aplicável aos gentios na nova aliança.[9] Assim que Cristo derramou seu sangue e estabeleceu a nova aliança, o ofício do sacerdote e dos levitas se tornou redundante.[10] O dízimo era para os judeus de sua época. Após Cristo, ele não é mais necessário como cumprimento da lei. Jesus já cumpriu toda a lei para sermos justificados por ele, e não por ela.

Ainda que essas visões sejam bem discordantes, há algo acima dessa discussão: o cumprimento do amor, da justiça e da fidelidade.[11] A vida que o Espírito gera em nós — de amor, alegria, paz, paciência, amabilidade, bondade, fidelidade, mansidão e domínio próprio — é o essencial. Contra isso, não há lei (Gl 5:22-24).

Assim como o restante da lei, o dízimo foi um tutor para levar o povo de Deus a Cristo (Gl 3:24-25). Ele é um prenúncio da generosidade cristã. A ênfase do ministério de Jesus não estava em comandar seus seguidores a dizimar ou a dispensá-los de dizimar. Seu propósito era ensinar os valores que mais importam, inclusive em temas como o uso e a doação de posses materiais.[12] Como disse John Piper:

> Jesus não rejeitou o dízimo; ele o afirmou por Israel.
> Mas ele está muito mais interessado nas questões mais
> importantes da lei, como a fidelidade. Você pode dar o

PARTE I: O QUE É DÍZIMO?

dízimo de tudo e não confiar em Deus. Jesus não estava buscando o que era deles, ele buscava a eles: o amor de suas almas, não a abundância de sua prata.[13]

A meu ver, o dízimo pode ser praticado por cristãos *desde que* seja uma expressão de amor, justiça e fidelidade, e não para cumprir regras e obter mérito perante Deus. Pois sob o olhar da eternidade, não é o dizimista que difere do não dizimista; é o misericordioso que difere do não misericordioso.

O dízimo não está em evidência no ensino dos apóstolos

A única passagem sobre dízimo na Bíblia depois de Jesus é a do autor desconhecido da carta aos Hebreus, que faz uma releitura do dízimo de Abraão a Melquisedeque:

> Esse Melquisedeque, rei de Salém e sacerdote do Deus Altíssimo, encontrou-se com Abraão, quando este voltava depois de derrotar os reis, e o abençoou; foi para ele que Abraão lhe deu o dízimo de tudo [...]. Sem pai, sem mãe, sem genealogia, sem princípio de dias nem fim de vida, feito semelhante ao Filho de Deus, ele permanece sacerdote para sempre. Considerem a grandeza desse homem: até mesmo o patriarca Abraão lhe deu o dízimo dos despojos! (Hb 7:1-4).

Nesse trecho da carta, o autor está tratando da questão de que Jesus, por não ser da tribo de Levi, não teria como ser o sumo sacerdote para perdoar os pecados do povo. Ele, porém, argumenta que Jesus é sumo sacerdote de uma *nova ordem*, como foi dito profeticamente em Salmos: "O Senhor jurou e não se arrependerá: 'Você é sacerdote para sempre,

73

DÍZIMO: O QUE MAIS IMPORTA?

segundo a ordem de Melquisedeque'" (Sl 110:4). Jesus é o sacerdote eterno que se ofereceu para salvar todos que se aproximam de Deus por meio dele (Hb 7:24-27). Nesse contexto, o autor faz menção do dízimo que Abraão entregou a Melquisedeque, o qual representava o próprio Jesus.

A mensagem principal de Hebreus é a nova aliança inaugurada por Cristo Jesus, cujo sacerdócio é superior ao estabelecido pela lei. A carta foi escrita cerca do ano 68, dois anos antes da destruição do templo de Jerusalém, evento que marcou o fim definitivo do ministério levítico. A mensagem é que estamos diante de algo *muito maior e mais importante* do que a lei.

Hebreus não têm a intenção de ensinar um modelo financeiro de doação regular para a igreja. Ele não explica como incorporar as práticas da lei dentro da nova aliança. Há diversas passagens na Bíblia com o intuito de orientar a igreja sobre a prática de doações, como vemos nas duas cartas aos Coríntios. Mas, em todo o Novo Testamento depois dos Evangelhos, o dízimo é tratado apenas nesse único capítulo.

Há duas correntes de interpretação em relação ao dízimo em Hebreus:

- O dízimo é **endossado** em Hebreus como uma expressão atemporal de devoção a Jesus;
- O dízimo é **mencionado** em Hebreus apenas como explicação do sacerdócio superior de Jesus.

Os que defendem que o dízimo foi **endossado** em Hebreus dizem que o dízimo é um conceito que surgiu antes da lei, foi estabelecido na lei e deve ser praticado *após a lei*. O Novo Testamento não considera o dízimo algo proveniente da lei mosaica, mas da linhagem eterna de Melquisedeque.[14] Assim como Abraão prestou homenagem

PARTE I: O QUE É DÍZIMO?

a Melquisedeque com seu dízimo, os cristãos devem, com seu dízimo, prestar homenagem ao seu eterno sumo sacerdote e rei, Jesus, em uma expressão contínua de amor e devoção a ele.[15] Como disse o pastor Jamê Nobre, o fato de Melquisedeque prefigurar Cristo significa que "nós, os filhos de Abraão, não devolvemos o dízimo por obrigação, mas por adoração e gratidão ao Senhor."[16]

Ainda que o dízimo não seja mencionado em outras passagens do Novo Testamento, o princípio de sustentar a obra e os obreiros permanecem na nova dispensação.[17] Ou seja, o Novo Testamento não guarda silêncio quanto ao dízimo; ele é mencionado como princípio explicitamente em Hebreus e implicitamente em Atos e nas epístolas, por meio de ensinos sobre doação sistemática, proporcional e honrosa (1Co 9:14, 16:2).

Os que defendem que o dízimo foi apenas **mencionado** em Hebreus dizem que o objetivo do autor é primordialmente explicar o sacerdócio superior de Jesus, e não consolidar o dízimo como prática eterna e universal. Não há nenhum versículo em Hebreus que diga: "Se Abraão deu o dízimo a Melquisedeque, de cuja ordem Jesus procede, então os cristãos devem dar o dízimo a Jesus." Essa é uma *dedução* que ignora a linha argumentativa do autor. Além disso, a menção do dízimo em Hebreus fala especificamente sobre despojos de guerra.[18] A passagem não fala que Abraão dava regularmente o dízimo de sua renda. Isso faz com que haja uma desconexão entre este exemplo e a prática atual.

Timóteo Carriker, doutor em Estudos Interculturais e mestre em Missiologia, me disse certa vez que o silêncio sobre o dízimo nos escritos de Paulo, Tiago, João e Pedro é simplesmente gritante. Não há uma menção sequer de "dízimo" nas cartas de *nenhum* desses apóstolos. Há numerosas ocorrências que tratam de doação, em que ensinam princípios como voluntariedade, generosidade, proporcionalidade e regularidade, entre outros (2Co 8:12, 9:7). Mas isso não é o mesmo que definir o dízimo como a doação regular de 10% da renda à igreja e, menos ainda, uma prova de que os apóstolos judeus ensinavam a prática do dízimo aos gentios novos convertidos.

A meu ver, o silêncio dos autores do Novo Testamento quanto ao ensino do dízimo indica que não há mais regras que imperam sobre a doação. Os princípios que norteiam a doação cristã estão claramente expostos nas cartas de Paulo às igrejas de Corinto (1Co 16, 2Co 8-9). Ainda assim, ao mesmo tempo em que esses princípios não restringem alguém a ter que dar o dízimo, eles também "não excluem o dízimo como uma referência conveniente de doação proporcional".[19]

O que é incontestável é que a carta aos Hebreus diz que algo tremendamente maior foi estabelecido: uma nova aliança que assume o lugar da anterior e um novo sacerdócio superior ao anterior. Isso quer dizer que precisamos aprender *o que mais importa* nesta nova aliança para que, de fato, vivamos de acordo com ela, e não com a anterior.

PARTE I: O QUE É DÍZIMO?

Notas

1 Hiley Ward, *Creative Giving* (Nova York: Macmillan, 1958), p. 38.

2 Edson Assis de Azevedo, *O Novo Testamento e o dízimo* (Igreja Batista Peniel Paracambi-RJ). Disponível em: http://batistapeniel.com.br/palavra30.asp. Acesso em: 9 fev. 2024.

3 John Calvin, *Commentary on a Harmony of the Evangelists, Matthew, Mark, Luke*, tradução de William Pringle (Edimburgo: Calvin Translation Society, 1846), vol. 3, p. 90. Disponível em: https://calvin.edu/centers-institutes/meeter-center/files/john-calvins-works-in-english/Commentary%20033%20-%20Harmony%20of%20the%20Evangelists-Matthew-Mark-Luke%20Vol.%203.pdf. Acesso em: 9 fev. 2024.

4 Warren W. Wiersbe, *The Wiersbe Bible Commentary* (Colorado Springs: David Cook, 2007), p. 69.

5 NIV Study Bible Notes, nota em Mateus 23:23.

6 Matthew Henry, Matthew Henry's Commentary. Mateus 23:23. Bible Gateway. Disponível em: https://www.biblegateway.com/resources/matthew-henry/Matt.23.13-Matt.23.33. Acesso em: 9 fev. 2024.

7 Randy Alcorn, *The Old Testament Model of Tithing and Christians Today*. Eternal Perspective Ministries. Disponível em: https://www.epm.org/blog/2009/Oct/1/question-and-answer-of-the-week-the-old-testament-. Acesso em: 9 fev. 2024.

8 Russell Earl Kelly; Randy Alcorn, *Tithing Rebuttal, Tithing-Russkelly*. Disponível em: https://www.tithing-russkelly.com/alcorn-randy-tithing-rebuttal/ Acesso em: 9 fev. 2024.

9 Stuart Murray, *Beyond Tithing*, p. 47.

10 Emeka Jude Icheku, *In the Order of Melchizedek* (Eugene: Wipf & Stock, 2017), ed. digital.

11 Daqui em diante, tratarei do conceito de "misericórdia" dentro do conceito de "justiça", mencionando apenas o segundo.

12 John W. Anderson, *A Study of the Biblical Basis for Tithing*, p. 31.

13 John Piper, I Seek Not What is Yours but You, *A Sermon on Tithing*.

14 Gary North, *Tithing and the Church* (Tyler: Institute for Christian Economics, 1994), p. 2.

15 George B. Davis, Are Christians Supposed to Tithe?, *Criswell Theological Review* 2.1, 1987, p. 85-97. Disponível em: https://biblicalelearning.org/wp-content/uploads/2022/01/Davis-Tithe-CTR.pdf. Acesso em: 9 fev. 2024.

16 Jamê Nobre, *O reino de Deus e a mordomia cristã* (São Paulo: Life, 2022), p. 19.

17 Hernandes Dias Lopes; Arival Dias Casimiro, *Dízimos e ofertas são pra hoje?* Princípios bíblicos sobre o privilégio de entregar os dízimos e as ofertas (São Paulo: United Press, 2017), p. 65-76.

18 Andreas J. Köstenberger; David A. Croteau, "Will a Man Rob God?" (Malachi 3:8): a Study of Tithing in the Old and New Testaments. *Bulletin for Biblical Research* 16.1, 2006, p. 53-77.

19 Wick Broomall, Entrada "Tithe". Wycliffe Dictionary of Theology. Hendrickson Pub, 1960, ed. digital.

77

O dízimo
na história
da igreja

O dízimo não foi ordenado entre os primeiros cristãos

Não há evidências de que os primeiros cristãos davam o dízimo.[1] Durante pelo menos trezentos anos de cristianismo, o dízimo não foi tratado como ordenança.[2] Os escritos dos apóstolos se mantêm em silêncio quanto a esse tema. Na opinião de alguns, como o pastor Augustus Nicodemus Lopes, esse silêncio favorece o argumento da continuidade do dízimo,[3] considerando que "o dízimo estava tão inserido na consciência dos judeus que não precisaria nem de menção".[4] Para outros, como o professor Craig Blomberg, esse silêncio é prova da descontinuidade do dízimo[5], pois "em nenhum lugar do Novo Testamento lemos que há uma porcentagem fixa exigida aos seguidores de Cristo."[6]

Até a destruição do templo no ano 70, é provável que os judeus convertidos tenham continuado a entregar os dízimos dos levitas, das festas e dos necessitados, sem deixar de observar os regulamentos da lei mosaica.[7] A Bíblia diz que "milhares de judeus creram, todos eles *zelosos da lei*" (At 21:20). Ou seja, nem todos que se convertiam deixavam de praticar a circuncisão, o sábado ou os dízimos. Contudo, o ensino dos apóstolos e dos pais da igreja nunca foi uma adaptação da lei judaica para gentios nem uma renovação

PARTE I: O QUE É DÍZIMO?

do dízimo dentro da nova aliança. O que se vivia no início da igreja era algo profundamente mais impactante:

> Não havia pessoas necessitadas entre eles, pois os que possuíam terras ou casas as vendiam, traziam o dinheiro da venda e o colocavam aos pés dos apóstolos, que o distribuíam conforme a necessidade de cada um (At 4:34-35).

Os primeiros cristãos se reuniam nas casas, e as comunidades recém-nascidas eram mantidas com doações *voluntárias*, não mandatórias.[8] Como foi mostrado, não há um ensino dos apóstolos a respeito da prática do dízimo; contudo, quando falam de doação, o fazem com apelo ao amor, e não com o intuito de gerar peso ou obrigação. A instrução de Paulo à igreja de Corinto sobre as ofertas aos pobres na Judeia foi a seguinte: "Não digo isso como mandamento, mas quero verificar a sinceridade do amor de vocês" (2Co 8:8), e: "Cada um contribua conforme determinou no coração, não com pesar nem por obrigação, pois Deus ama a quem dá com alegria" (2Co 9:7).

Há diversos casos de doações no livro de Atos. Barnabé vendeu um campo e deu todo o dinheiro aos apóstolos (4:36-37). O centurião romano Cornélio dava muitas esmolas, e isso agradou a Deus, ainda que ele não cumprisse outras partes da lei judaica (10:1-35). A vendedora de púrpura Lídia fez questão de hospedar e servir a Paulo e aos irmãos em sua casa (16:14-15). Em meio a todas essas histórias, não há menção alguma da prática do dízimo por cristãos.

Contudo, a história do cristianismo não acaba aí. Ela estava apenas começando. Se há um silêncio apostólico sobre o dízimo, o que foi registrado pelos pais da igreja? O que os primeiros cristãos pensavam sobre o assunto?

DÍZIMO: O QUE MAIS IMPORTA?

OS PAIS DA IGREJA

Conforme relatos dos pais da igreja, os primeiros cristãos faziam doações voluntárias, regulares e proporcionais, seguindo o ensino de Paulo: "No primeiro dia da semana, cada um de vocês separe uma quantia em dinheiro, de acordo com a sua renda" (1Co 16:2). Suas doações tinham dois principais propósitos: suprir os necessitados e honrar os líderes. Isso era necessário tanto pela presença de pobres entre eles como pela situação da igreja, que crescia e se estruturava com bispos, presbíteros e diáconos.

A *Didaquê* (c. 70-100), um dos primeiros documentos cristãos a ser escrito após a Bíblia, ratifica o ensino apostólico de que ministros e líderes cristãos têm direito de receber regularmente por seu serviço: "Da mesma forma, o Senhor ordenou àqueles que pregam o evangelho que vivam do evangelho" (1Co 9:14). Esse documento diz:

> Tome os primeiros frutos de todos os produtos da vinha e da eira, dos bois e das ovelhas, e os dê aos profetas, pois são eles os seus sacerdotes. Porém, se você não tiver profetas, dê aos pobres [...]. Tome uma parte de seu dinheiro, da sua roupa e de todas as suas posses, conforme lhe parecer oportuno, e as dê de acordo com o mandamento.[9]

Segundo Clemente de Roma (35-97), considerado pela tradição cristã um colega do apóstolo Paulo (veja Fp 4:3), Deus ordenou que contribuições fossem dadas não de forma impensada ou irregular, mas em tempos e horários designados.[10] Ele parece sugerir que o cuidado em dar *regularmente* é um dever do cristão, mas não menciona o dízimo em si. O grande apologista Tertuliano (155-220) confirma a prática da doação regular e proporcional entre

PARTE I: O QUE É DÍZIMO?

os primeiros cristãos, também de forma voluntária e sem mencionar o dízimo:

> Em um dia do mês, se quiser, cada um faça uma peque-
> na doação; mas apenas se for da sua vontade, e apenas
> se puder: pois não há compulsão; tudo é voluntário [...].
> Um em mente e alma, não hesitamos em compartilhar
> nossos bens terrenos uns com os outros. Todas as coisas
> são comuns entre nós.[11]

Outro pai da igreja e defensor do cristianismo, Justino Mártir (100-165), tampouco menciona o dízimo. Ele fala de doações voluntárias e proporcionais com o propósito de trazer justiça e equidade. A seu ver, havia uma evidente distinção entre os que viviam em abundância e os que estavam em necessidade:

> Aqueles que estão bem de vida e dispostos, deem
> o quanto acham adequado; e o que for recolhido seja
> depositado com o que preside, quem socorre os órfãos e
> as viúvas e aqueles que, por doença ou qualquer outra
> causa, estão em necessidade, e aqueles que estão em
> cativeiro e os estrangeiros que peregrinam entre nós.[12]

No dia a dia dos primeiros cristãos, esperava-se que os que tinham recursos dessem aos que não tinham. Essa era a lógica contributiva dos convertidos em Atos. Como diz o historiador Justo González no excelente livro *Economia e fé no início da era cristã*, o objetivo dos cristãos não era simplesmente renunciar a seus bens, mas usá-los para atender às necessidades uns dos outros.[13]

Cuidar dos necessitados era uma marca dos primeiros cristãos. A prática apostólica de manter um fundo comum para suprir as necessidades dos líderes e dos pobres — sem

DÍZIMO: O QUE MAIS IMPORTA?

regras nem porcentagens específicas — prevaleceu por quatro séculos.[14] O autor cristão grego Aristides de Atenas (c. 140) relata que, se alguém passava necessidade, e os irmãos não tinham recursos, eles ficavam sem comer por dois ou três dias para suprir o outro com seu alimento.[15] Por causa desse e de muitos outros relatos, diz-se que, no início do cristianismo, os recursos da igreja eram considerados *patrimônio dos pobres.*[16]

A realidade é que a devoção dos cristãos no início do cristianismo era tão sincera que suas doações excediam em muito o que se entende por dízimo.[17] Como diz o professor Tim Mackie, do *Bible Project*, "o dízimo era específico para os israelitas naquela terra e para o seu templo. Os primeiros cristãos faziam algo diferente. Eles não praticavam o dízimo, mas eram comprometidos a uma generosidade extrema".[18] Ser cristão significava renunciar tudo para servir por amor, com perseguições e, muitas vezes, o martírio. O foco deles não era entregar o dízimo, mas praticar doações generosas. Como explica o bispo Ireneu de Lião (130-202):

> O Senhor, em vez daquele [mandamento] "Não come-
> terás adultério", proibiu até mesmo a concupiscência;
> e em vez daquele que diz, assim, "Não matarás", ele
> proibiu a raiva; e em vez da lei que contempla a doação
> de dízimos, [ele nos disse] para compartilhar todos os
> nossos bens com os pobres.[19]

O dízimo não era o modelo ideal de entrega a Deus. O bispo Cipriano de Cartago (c. 200-258) é um dos poucos au-tores nesses três primeiros séculos que menciona o dízimo, mas como uma referência *muito baixa* diante da renúncia cristã: "Eles vendiam suas casas e seus terrenos e, juntando tesouros nos céus, ofereciam aos apóstolos o dinheiro para

PARTE I: O QUE É DÍZIMO?

ser distribuído aos pobres. Hoje, *não damos nem um décimo de nosso patrimônio, e apesar de o Senhor nos ordenar a vender e dar, nós compramos e acumulamos.*"[20]

Os primeiros cristãos aspiravam a ser como Jesus, renunciando suas posses por amor ao próximo (2Co 8:9). Buscavam praticar uma generosidade sincera, que expressasse o tamanho de sua devoção a Deus e seu cuidado ao próximo. Nas palavras de Lactâncio (240-320), buscava-se dar "especialmente para aqueles de quem não se espera nada em retorno".[21] Era isto que a igreja recém-formada almejava: ser uma resposta do amor de Cristo para o mundo.

O dízimo não foi uma prática unânime na história da igreja

Apesar de os escritos cristãos dos três primeiros séculos não mencionarem o dízimo como ordenança, com a expansão e institucionalização do cristianismo, surgiram diversas referências ao dízimo em documentos cristãos, inclusive considerando-o um dever bíblico e moral. Conforme *The Catholic Encyclopedia* [A enciclopédia católica]:

> Na igreja cristã, uma vez que "os que servem diante do altar vivem do que é oferecido no altar" (1Coríntios 9:13), era necessário fazer algum tipo de provisão para os ministros sagrados. No início, isso era feito pelas ofertas espontâneas dos fiéis. Ao longo do tempo, contudo, à medida que a igreja expandiu e se institucionalizou, tornou-se necessário implantar leis para assegurar o apoio adequado e permanente do clero. O pagamento do dízimo foi adaptado a partir da lei, e os primeiros escritores falam dele como uma ordenança divina e uma obrigação de consciência.[22]

A partir do século 4, diversos escritos de autores cristãos defenderam a prática do dízimo. O bispo Hilário de Poitiers (300-368) disse que o "dízimo das ervas [...] não deve ser omitido. É apropriado que seja entregue para que se realize atos de fidelidade, justiça e misericórdia".[23] Nas *Constituições Apostólicas* (c. 370), os primeiros frutos e o dízimo deveriam ser dados conforme o mandamento de Deus, e o que era antes dedicado aos levitas agora seria destinado aos ministros cristãos.[24]

Jerônimo (347-420) disse que "dar a César o que é de César" abrangia moedas, tributos e dinheiro; e "dar a Deus o que é de Deus" referia-se a dízimos, primícias e ofertas.[25] Segundo Jerônimo, o cristão deveria abdicar de tudo; mas, se não o fizesse, que "pelo menos imitemos o ensino rudimentar dos judeus de dar uma parte do todo aos pobres, e prestar a honra devida aos sacerdotes e levitas. Se alguém não o fizer, ele é condenado por fraude e roubo a Deus".[26]

João Cassiano (c. 360-435) dizia que diversos cristãos em sua época praticavam o dízimo: "o abençoado João [...] nunca tomou para si nada de suas colheitas antes de oferecer a Deus os primeiros frutos e dízimos".[27] João Crisóstomo (347-407) dizia que os judeus "davam dízimos, e dízimos sobre dízimos para órfãos, viúvas e estrangeiros [...] se havia perigo em omitir os dízimos naquela época, pense quanto mais agora".[28] Outros escrevem com palavras mais fortes. Ambrósio de Milão (340-397) dizia que "não é lícito ao homem reter o que Deus reservou para si. [Quem não dá o dízimo] ainda não sabe o que é temer a Deus".[29] O monge Cesário de Arles (470-542) afirma que "Diante do tribunal do Juiz eterno, será culpado de homicídio aquele que se recusou a dar o dízimo, por todas as almas pobres que morreram de fome onde essa pessoa viveu".[30]

PARTE I: O QUE É DÍZIMO?

De forma mais moderada, Agostinho de Hipona (354-430) orienta os cristãos a darem, no mínimo, um décimo da renda. Embora considerasse pouco diante da exigência da renúncia cristã, ele argumenta que o dízimo pode ser um ponto de partida para uma vida justa:

> Separe uma quantia fixa de seus lucros anuais ou de seus ganhos diários. Caso contrário, ao querer dar de sua renda, sua mão poderá hesitar quando você se dispuser a dar algo que não prometeu. Separe uma parte de sua renda; um décimo, se desejar, embora seja pouco. Pois é dito que os fariseus deram um décimo: *Jejuo duas vezes na semana, dou o dízimo de tudo o que possuo.* E o que diz o Senhor? *A menos que sua justiça exceda a justiça dos escribas e fariseus, você não entrará no reino dos céus.* Aquele cuja justiça você deve exceder dá o dízimo; você não dá nem um milésimo. Como você vai superar se nem equipara a eles?"[31]

Esses e outros autores dos séculos 4 e 5 mencionavam o dízimo, embora não fosse instituído pela igreja. Foi em 567 que o Concílio de Tours estabeleceu o dízimo como obrigatório.[32] Em 585, o Concílio de Macon ampliou essa decisão, dizendo que quem não entregasse o dízimo seria excomungado.[33] O texto exigia: "Ordena, sob pena de excomunhão, o pagamento do dízimo, para que os sacerdotes os apliquem em socorro dos pobres e na redenção dos escravizados, e assim tornem eficazes as orações que fazem pela salvação do povo".[34] Em 590, o Concílio de Sevilha determinou que o dízimo deveria ser dado por todos, em todo negócio, não apenas com alimentos: "Assim como o Senhor tem dado tudo, de tudo ele demanda o dízimo".[35]

Na alta Idade Média, o dízimo se tornou um imposto governamental.[36] Em 765, o rei Pepino III impôs o dízimo

DÍZIMO: O QUE MAIS IMPORTA?

eclesiástico a todos os franceses.[37] Em 778, o rei Carlos Magno estabeleceu que "*todo* homem dê o dízimo, e que este seja utilizado conforme o mandamento do bispo".[38] Em 817, seu filho, Luís, o Piedoso, ordenou que o dízimo fosse obrigatório a todos e que dois terços do valor fossem destinados aos pobres.[39] A partir dessa época, diversos concílios estabeleceram o dízimo como regra, e sua retenção era passível de castigo. Por exemplo, o Terceiro Concílio de Latrão, em 1179, dizia que reter o dízimo era um perigo para a alma e que "se alguém não entregar o dízimo para a igreja, que seja desprovido de um funeral cristão".[40] Foi assim que o dízimo medieval cresceu a ponto de ser considerado "o imposto mais importante na evolução econômica do Ocidente."[41]

Considerando esse breve resumo, pode parecer que os primeiros cristãos foram um caso particular, pois se reuniam em casas; uma vez que a igreja se organizou como instituição, o dízimo passou a ser uma prática obrigatória. Contudo, sempre houve vozes divergentes. As igrejas orientais ortodoxas nunca aceitaram nem praticaram o dízimo.[42] Epifânio de Salamina (310-403), bispo na ilha de Chipre, defendia que a maldição era para quem não cumprisse *toda* a lei, não só o dízimo.[43] Ou a lei era cumprida por completo, ou descumprida por completo. Com a obra consumada de Cristo, não haveria por que cumprir apenas algumas partes da lei.

John Wycliffe (1328-1384) foi mais radical e condenou a implantação de leis como a do dízimo, dizendo que eram anticristãs e estabelecidas para extorquir dinheiro das pessoas.[44] Os anabatistas também rejeitaram o dízimo, buscando voltar ao ensino dos apóstolos sobre doações voluntárias e generosas.[45] Martinho Lutero (1483-1546) disse que o dízimo não era um preceito *natural* e, por isso, seria exclusivo dos judeus, não dos cristãos.[46] Em suas palavras,

PARTE I: O QUE É DÍZIMO?

> É natural honrar a Deus, não roubar, não cometer adultério, não dar falso testemunho, não assassinar; o que Moisés ordena não é novidade. Pois o que Deus deu do céu aos judeus também escreveu no coração de todos os homens [...] Mas os outros mandamentos de Moisés, que não estão [implantados em todos] *por natureza*, não são guardados pelos gentios. Nem pertencem aos gentios, tais como o dízimo e outros.[47]

Ao longo da história cristã, uns defenderam a continuidade do dízimo, outros, sua descontinuidade. O cerne da questão é o seguinte: o dízimo é uma lei moral eterna ou uma lei cerimonial restrita à antiga aliança? João Calvino (1509-1564) explica os diferentes tipos de leis do Antigo Testamento da seguinte forma:

- Lei **moral**: o que é devido para todas as pessoas de todas as nações em todos os tempos;
- Lei **cerimonial**: sistema de sacrifícios e ofertas que serviu como tutor até a chegada de Jesus, na plenitude dos tempos;
- Lei **civil**: sistema de governo para promover a ordem e o bem-estar comum.[48]

Para ilustrar essa distinção, imagine que um homem tenha roubado.

O que diz a lei moral? "Não furte" (Êx 20:15).

O que diz a lei cerimonial? "Trará como oferta pela culpa ao SENHOR, por meio do sacerdote, um carneiro do rebanho, sem defeito e devidamente avaliado" (Lv 6:6-7).

O que diz a lei civil? "[...] deverá devolver o que roubou [...] Fará restituição plena, acrescentará a isso um quinto do valor e dará tudo ao proprietário" (Lv 6:4-5).

Calvino diz que a lei moral não foi anulada e nunca será: não roubar, não matar, não adulterar, não dar falso testemunho são *leis naturais*. Essa lei é a consciência que Deus gravou na mente dos seres humanos.[49] Como explica C. S. Lewis em *Cristianismo puro e simples*, "Essa lei foi chamada de lei natural porque as pessoas acreditavam que todos a conhecessem por natureza e não precisava ser ensinada por outros [...]; seres humanos, de todos os cantos do mundo, têm essa ideia curiosa de que devem se comportar de determinada forma".[50]

Já a lei cerimonial era específica do judaísmo, para que, no tempo oportuno, o Cordeiro de Deus fosse revelado como o sacrifício perfeito. Ela foi anulada para os que creem em Cristo: "A lei [cerimonial] traz apenas uma sombra dos benefícios que hão de vir, não a sua realidade. Por isso, ela nunca consegue, mediante os mesmos sacrifícios repetidos ano após ano, aperfeiçoar os que se aproximam para adorar" (Hb 10:1).

Quanto à lei civil, ela varia conforme a cultura e a época, pois diz respeito à *consequência* da lei moral infringida. Por exemplo, a lógica da lei civil de olho por olho e dente por dente deixou de ser vigente para cristãos, pois Jesus estabeleceu novos parâmetros (Mt 5:38-39). A teocracia dos judeus era mantida por suas leis civis, e, como hoje temos diferentes tipos de governo, essas leis não são mais aplicáveis.

E o dízimo? Seria ele uma lei moral, cerimonial ou civil?

Não existe uma resposta consensual a essa pergunta. O puritano John Bunyan (1628-1688), autor de *O peregrino*, disse em um sermão que "o pagamento de dízimos era cerimonial; ele veio e foi embora junto com o sacerdócio original".[51] John Smyth (1554-1612), ministro anglicano, também dizia que "o dízimo é ou judaico ou papista".[52] Roger Williams (1603-1683), fundador da primeira igreja batista dos Estados Unidos, defendia que os ministros do evangelho

PARTE I: O QUE É DÍZIMO?

deveriam servir livremente e ser apoiados com ofertas, não com dízimos.[53]

Da mesma forma, os *quacres*, grupo protestante que surgiu no século 17, não davam o dízimo porque "não foi um sustento designado por Jesus para seus ministros, mas sim pelo papa para seus ministros".[54] Roger Storrs e William Thorp, dois *quacres*, foram presos em 1662 na Inglaterra por se recusarem a pagar o dízimo.[55] A recusa em dar o dízimo também era uma questão política, como na Guerra do Dízimo, na Irlanda, de 1830 a 1838, onde tragicamente dezenas de irlandeses foram mortos pelo exército britânico por não aceitarem pagar o dízimo à igreja anglicana, pois eram católicos.[56]

O grande pregador britânico Charles Spurgeon (1834-1892) contestou a obrigatoriedade do dízimo, dizendo que não deve haver regras sobre porcentagens e valores em doações:

> Em relação à liberalidade cristã, não há regras estabelecidas na Palavra de Deus. Eu lembro alguém dizer: "Eu gostaria de saber exatamente quanto devo dar". Sim, meu amigo, sem dúvida você gostaria. Mas você não está sob um sistema semelhante àquele em que os judeus eram obrigados a pagar o dízimo aos sacerdotes. Se houvesse tal regra no evangelho, destruiria a beleza da doação espontânea.[57]

Ao mesmo tempo, Spurgeon apoiava o dízimo como uma espécie de referência. Ele ensinou que era um *dever* do cristão suprir, de forma justa e proporcional, os custos da igreja, ainda que sem valores definidos: "Apoie a causa de Deus. Pague uma justa proporção das despesas da casa de Deus e não retenha o que lhe é devido".[58] Em sua vida pessoal, Spurgeon optava em dar 20% de sua renda à igreja.[59]

DÍZIMO: O QUE MAIS IMPORTA?

Do outro lado, o comentarista bíblico Matthew Henry (1662-1714) afirmava que o dízimo era uma lei moral. Em suas palavras: "A décima parte de nossa renda é uma proporção muito adequada para ser separada para a honra de Deus e para o serviço de seu santuário".[60] O líder presbiteriano e avivalista Charles Finney (1792-1875) também defendia o dízimo: "Que cristãos entreguem seus dízimos e preparem seus vasos para receber, e então, tendo cumprido as condições, 'fiquem firmes e vejam a salvação de Deus'".[61]

O final do século 19 nos Estados Unidos foi conhecido como um período de *renovação do dízimo*.[62] Nessa época, cunhou-se uma frase que se espalhou entre as igrejas no país: "Um sétimo do nosso tempo e um décimo da nossa renda pertencem a Deus".[63] Muitos evangélicos norte-americanos[64] defendiam que "o dízimo é uma dívida, não uma doação".[65] Por exemplo, o evangelista Billy Graham (1918-2018) dizia que quem não desse o dízimo estaria roubando o que pertencia a Deus por direito.[66]

No Brasil, muitas denominações cristãs endossam a prática do dízimo como lei moral. A Igreja Universal do Reino de Deus defende que o dízimo deve ser *devolvido* a Deus como uma "lei fixa da qual ninguém pode fugir".[67] A Igreja Internacional da Graça afirma que o dízimo deve ser dado na igreja, e quem não o fizer será amaldiçoado.[68] A Assembleia de Deus considera o dízimo parte essencial do culto.[69] A Igreja Adventista do Sétimo Dia diz que Deus reivindica o dízimo e, por isso, ele deve ser *devolvido*.[70] A Igreja Presbiteriana do Brasil defende o dízimo como uma prática requerida de todo crente.[71] A Igreja do Evangelho Quadrangular crê que "Dízimos e ofertas são ordens de Deus para prover quanto às necessidades materiais e financeiras da sua igreja, promover a propagação do evangelho e liberação de bênçãos específicas".[72] A Convenção Batista Brasileira diz que o plano

PARTE I: O QUE É DÍZIMO?

de Deus para o sustento de sua causa "consiste na entrega pelos crentes de dízimos e ofertas alçadas".[73]

Contudo, há denominações que não apoiam a prática do dízimo. A Igreja Evangélica de Confissão Luterana no Brasil não adota oficialmente o dízimo como sistema contributivo.[74] A Congregação Cristã no Brasil critica a prática obrigatória do dízimo, afirmando que "O dízimo não teve origem na lei, mas na *espontaneidade* de Abraão, muito antes da lei".[75] Ela criou um sistema baseado em cinco ofertas, de forma voluntária, para manter seus líderes e suprir necessidades. A Igreja Católica também não considera mandatória a doação de 10% desde 2005, quando o papa Bento XVI ressignificou o sentido do dízimo ao afirmar que o dever dos fiéis é "contribuir para as necessidades materiais da Igreja, segundo as possibilidades de cada um".[76]

Essa breve história do dízimo no cristianismo nos dá uma dimensão da complexidade do tema. Hoje em dia, há uma significativa divergência de opinião na igreja cristã. Em 2011, uma pesquisa global do Pew Research Center entrevistou 2.196 líderes evangélicos de 166 países, e 58% deles responderam que o dízimo é essencial para ser um bom evangélico.[77] É impressionante a discordância: para 42% dos líderes evangélicos globais, o dízimo não é essencial para a vida cristã.

O fato de haver tanta divergência sobre o dízimo revela algumas lições valiosas:

- O dízimo nem sempre foi praticado durante toda a história da igreja;
- O dízimo tem sido tanto apoiado como contestado por cristãos relevantes;
- Em diferentes momentos na história, houve maior ou menor apoio à prática do dízimo, como um pêndulo em busca de equilíbrio.

DÍZIMO: O QUE MAIS IMPORTA?

A enorme diferença de pontos de vista indica que precisamos temperar nossas opiniões com humildade, cientes de que nossa prática atual em relação ao dízimo não é a única e absoluta verdade e não exclui outras formas cristãs de enxergar o tema.

Notas

1   David Rupert, Tithing: It's Personal, *Theology of Work*. Disponível em: https://www. theologyofwork.org/the-high-calling/tithing-its-personal. Acesso em: 9 fev. 2024. Veja também Giles Constable, *Monastic Tithes*, p. 19. Nesse texto, o autor afirma que "muito pouco se sabe sobre a entrega de dízimos nos primeiros séculos do cristianismo [...] 'os fiéis podem ter dado o dízimo voluntariamente e espontaneamente', de acordo com Leclerq, 'mas não podemos citar algum texto canônico ou conciliatório antes do quarto século que obrigue o pagamento dos dízimos".

2   Henry W. Clarke, *The History of Tithes*: From Abraham to Queen Victoria (Londres: George Redway, 1887), p. xiii. Disponível em: https://forgottenbooks.com/it/download/ TheHistoryofTithes_10132648.pdf. Acesso em: 9 fev. 2024. Veja também R. Renee, When Was Tithing Instituted in the Church?, *The Tithing Hoax*. Disponível em: https:// thetithinghoax.com/when-was-tithing-instituted-in-the-church/. Acesso em: 9 fev. 2024.

3   Augustus Nicodemus, O dízimo no Novo Testamento. YouTube, 2023. Disponível em: https:// www.youtube.com/watch?v=x35n3AEyfNk. Acesso em: 9 fev. 2024. Segundo Nicodemus, "em nenhum momento os apóstolos ensinaram que o dízimo estava abolido como forma de contribuição". Portanto, para ele, faz sentido não haver menção ao dízimo, pois essa prática era comum na época e não foi abolida por Cristo. A seu ver, uma leitura atenta do Novo Testamento mostra que os primeiros cristãos davam o dízimo, pois mantiveram diversas práticas judaicas. Contudo, essa visão é inconclusiva, pois deixa de tratar da origem, do destino e do propósito dos três dízimos judaicos e não considera que o dízimo tenha sido entregue por judeus convertidos ao templo judaico, não pelos gentios convertidos às igrejas nas casas.

4   R. T. Kendall, *Tithing*: A Call to Serious, Biblical Giving (Grand Rapids: Zondervan, 1983), p. 29.

5   DOIS DEDOS DE TEOLOGIA. Devemos dar dízimos hoje?

6   Craig L. Blomberg, Ten Percent won't work for everyone, *Christianity Today*. Disponível em: https://www.christianitytoday.com/pastors/2021/fall/ten-percent-wont-work-everyone-tithe-blomberg.html. Acesso em: 9 fev. 2024.

7   Russell Earl Kelly, *Hebrews 7*: Extremely Important. Disponível em: https://www.tithing-russkelly.com/hebrews-7-extremely-important/. Acesso em: 9 fev. 2024.

PARTE I: O QUE É DÍZIMO?

8   Moisés Silva, entrada δέκατος. *New International Dictionary of New Testament Theology* (Grand Rapids: Zondervan, 2010). Como afirma o autor, "presumivelmente, por meio de doações voluntárias, a igreja primitiva foi capaz de sustentar seus pastores e presbíteros. Mais tarde, no entanto, o dízimo foi reintroduzido como meio de sustentar a igreja".

9   *Didaquê*, a instrução dos doze apóstolos, XIII. Disponível em: https://spurgeonline.com.br/wp-content/uploads/2021/09/DIDAQUE_-_A_Instrucao_dos_Doze_Apostolos.pdf. Acesso em: 9 fev. 2024. Há uma discussão sobre o que significa a expressão "dar conforme o mandamento". A meu ver, essa expressão não justifica que a lei mosaica do dízimo se aplique aos cristãos, senão todos os outros termos que definem o dízimo também precisariam ser considerados.

10 CLEMENT OF ROME. *First Epistle of Clement to the Corinthians*, 1; 40. Disponível em: https://www.newadvent.org/fathers/1010.htm. Acesso em: 9 fev. 2024.

11 TERTULLIAN. *Apology*, 39. Disponível em: https://www.newadvent.org/fathers/0301.htm. Acesso em: 9 fev. 2024.

12 JUSTIN. *First Apology*, 67. Disponível em: https://www.newadvent.org/fathers/0126.htm. Acesso em: 9 fev. 2024.

13 Justo González, *Economia e fé no início da era cristã*, p. 140.

14 Roundell Palmer, *Ancient Facts and Fictions Concerning Churches and Tithes*, 2. ed. (Londres: Macmillan, 1892), p. 26. Disponível em: https://archive.org/details/ancientfactsfict00selbiala/page/n41/mode/2up. Veja também Henry W. Clarke, A History of Tithes (Londres: Swan Sonnenschein, 1891), p. 4. Disponível em: https://archive.org/details/historyoftithes00clarrich/mode/1up. Acesso em: 9 fev. 2024.

15 ARISTIDES. *The Apology*, 15. Disponível em: https://ccel.org/ccel/aristides/apology/anf09.xiii.iv.html. Acesso em: 9 fev. 2024.

16 Roundell Palmer, *Ancient Facts and Fictions Concerning Churches and Tithes*, p. 23.

17 Thomas J. Powers, An Historical Study of the Tithe in the Christian Church to 1648. 1948. 177 f. Tese (Doutorado em Teologia) – Southern Baptist Theological Seminary, (Louisville, Kentucky, EUA). Disponível em: https://repository.sbts.edu/handle/10392/6808. Acesso em: 9 fev. 2024.

18 BIBLEPROJECT. Does A Good Christian Tithe 10%? (It's Not That Simple). YouTube, 2023. Disponível em: https://www.youtube.com/watch?v=RN3wYVRkmno. Acesso em: 9 fev. 2024.

19 IRENAEUS. *Against Heresies*, 4.13.3. Disponível em: https://www.newadvent.org/fathers/0103413.htm.

20 CYPRIAN OF CARTHAGE, *The Unity of the Church*, tradução de Roy J. Deferrari. Coleção The Fathers of the Church, v. 36 (Washington, D.C.: The Catholic University of America Press, 1956), p. 120.

21 LACTANTIUS. *Divine Institutes*, 6.11. Disponível em: https://www.newadvent.org/fathers/07016.htm. Acesso em: 9 fev. 2024.

22 Entrada *tithe. The Catholic Encyclopedia*. Disponível em: https://www.newadvent.org/cathen/14741b.htm. Acesso em: 9 fev. 2024.

23 HILARY OF POITIERS, *Commentary on Matthew*, tradução de D. H. Williams, Coleção The Fathers of the Church, v. 125 (Washington, D.C.: The Catholic University of America Press, 2012), p. 244. Disponível em: https://archive.org/details/commentaryonmatt0125hila/mode/2up. Acesso em: 9 fev. 2024.

24 *Apostolic Constitutions*, 2.25; 7.29, tradução de James Donaldson, Coleção Ante-Nicene Fathers, v. 7 (Buffalo: Christian Literature Publishing, 1886). Disponível em: https://www.newadvent.org/fathers/0715.htm. Acesso em: 9 fev. 2024.

25 JEROME. *Commentary on Matthew*, 3.22.21, tradução de Thomas P. Scheck, Coleção The Fathers of the Church, v. 117 (Washington, D.C.: The Catholic University of America Press, 2012). Disponível em: https://isidore.co/CalibreLibrary/Jerome,%20St_/Commentary%20on%20Matthew%20(7526)/Commentary%20on%20Matthew%20-%20Jerome,%20St_.pdf. Acesso em: 9 fev. 2024.

DÍZIMO: O QUE MAIS IMPORTA?

26 JEROME. Comment on Malachi 3:10. *Apud* Thomas J. Powers, *An Historical Study of the Tithe in the Christian Church to 1648*.

27 John Cassian. Conference 14: The First Conference of Abbot Nesteros. Capítulo 7. Disponível em: https://www.newadvent.org/fathers/350814.htm. Acesso em: 9 fev. 2024.

28 CHRYSOSTOM. *Homily 4 on Ephesians*, 2.10. Ed. digital. Disponível em: https://www.newadvent.org/fathers/230104.htm. Acesso em: 9 fev. 2024.

29 John W. Anderson, *A Study of the Biblical Basis for Tithing*, p. 45-46.

30 Giles Constable, *Monastic Tithes*, p. 21.

31 AUGUSTINE. *Exposition on the Psalms*, 147.13.

32 Samuel F. Cook, *Tithes*: History and Usage (Lansings: Robert Smith, 1897), p. 29. Disponível em: https://archive.org/details/titheshistoryusa00cook/mode/2up. Acesso em: 9 fev. 2024.

33 James Strong; John Mcclintock, entrada *tithe*, *The Cyclopedia of Biblical, Theological, and Ecclesiastical Literature*.

34 Edward H. Landon, *A Manual of Councils of The Holy Catholic Church*. Macon (585). Artigo 5. Disponível em: https://www.ecatholic2000.com/councils2/untitled-16.shtml. Acesso em: 9 fev. 2024.

35 John W. Anderson, *A Study of the Biblical Basis for Tithing*, p. 51. Até o século 6, o dízimo era compreendido como "um décimo do lucro anual da terra", dado em espécie (entrada *tithing*). *The Encyclopedia Americana* (Nova York: The Encyclopedia Americana Corporation, 1920). Disponível em: https://archive.org/details/encyclopediaame03unkngoog/mode/2up. Acesso em: 9 fev. 2024.

36 William Easterby, *The History of the Law of Tithes in England* (Cambridge: The University Press, 1888), p. 3. Disponível em: https://archive.org/details/historyoflawofti00east/mode/1up. Acesso em: 9 fev. 2024.

37 Giles Constable, *Monastic Tithes*, p. 28.

38 William George Black, *What Are Teinds?*: Para Account of the History of Tithes in Scotland (Edimburgo: William Green & Sons, 1893), p. 2. Disponível em: https://archive.org/details/whatareteindsan00blacgoog/page/n3/mode/1up. Acesso em: 9 fev. 2024.

39 Justo L. González, *The Story of Christianity* (Nova York: HarperOne, 2010), v. 1, ed. digital.

40 Norman P. Tanner (ed.), *Decrees of the Ecumenical Councils* (Washington, D.C.: Sheed & Ward; Georgetown University Press, 1990), v. 1, p. 219.

41 Catherine Boyd, *Tithes and Parishes in Medieval Italy* (Ithaca: Cornell University Press, 1952), ed. digital.

42 Entada *tithe*. *Britannica*, 2023. Disponível em: https://www.britannica.com/topic/tithe. Acesso em: 9 fev. 2024.

43 EPIPHANIUS. Panarion. *Against Quartodecimans*. Book 2. Traduzido por Frank Williams, p. 24-25.

44 April Marie Brinker, Heresy and Simony: John Wyclif and Jan Hus Compared, *Dissertations, Theses, and Masters Projects*, 2010. p. 37. Disponível em: https://dx.doi.org/doi:10.21220/s2-338k-ta31. Acesso em: 9 fev. 2024.

45 *Tithing Was Not Taught by the Apostles*. New Vision Ministries. Disponível em: https://www.newvisionministriesonline.org/tithing-was-not-taught-by-the-apostles/. Acesso em: 9 fev. 2024.

46 Alguns argumentam que Lutero apoiou o dízimo. Contudo, conforme David Croteau, Lutero tratou o dízimo como um imposto civil. A seu ver, os agricultores da época deviam dar 10% de sua produção ao governo, pois precisavam obedecer às autoridades. Por outro lado, Lutero não via o dízimo como um dever religioso, ou seja, a ser entregue para as autoridades da igreja. David Croteau, *Tithing at the Beginning of the Reformation* (Slave of the Word, 2006). Disponível em: http://slaveoftheword.blogspot.com/2006/02/tithing-at-beginning-of-reformation_13.html. Acesso em: 9 fev. 2024.

PARTE I: O QUE É DÍZIMO?

47 Martin Luther, How Christians Should Regard Moses. *Martin Luther Sermons & Commentaries*. Disponível em: https://sermons.martinluther.us/Luther_How_Christians_Moses.pdf. Acesso em: 9 fev. 2024.

48 John Calvin, *The Institutes of the Christian Religion*, tradução de Henry Beveridge (Grand Rapids: Christian Classics Ethereal Library, 1845), p. 1226-1228. Disponível em: https://www.ccel.org/ccel/c/calvin/institutes/cache/institutes.pdf. Acesso em: 9 fev. 2024.

49 John Calvin. *The Institutes of the Christian Religion*, p. 1227.

50 C. S. Lewis, *Cristianismo puro e simples* (Rio de Janeiro: Thomas Nelson Brasil, 2017), p. 31, 35.

51 John Bunyan, A Discourse Upon the Pharisee and the Publican, *The Reformed Reader*. Disponível em: https://www.reformedreader.org/rbb/bunyan/discourse/prayer.htm. Acesso em: 9 fev. 2024.

52 John Smyth, *The Works of John Smyth* (Cambridge: University Press, 1915), v. 2, p. 521. Disponível em: https://sitviry.cz/wp-content/uploads/2020/08/works_of_John_Smyth02.pdf. Acesso em: 9 fev. 2024.

53 David Croteau, *You Mean I Don't Have to Tithe?* (Eugene: Wipf & Stock, 2010), ed. digital.

54 Isaac Penington, A brief account of Some Reasons why the Quakers cannot do some things, *The Works of the Long-mournful and Sorely-distressed Isaac Penington*. Quaker Heritage Press. Disponível em: http://www.qhpress.org/texts/penington/brief.html. Acesso em: 9 fev. 2024.

55 Early quakers. Newark Quaker Meeting. Disponível em: https://newarkquakers.co.uk/history/early-quakers/. Acesso em: 9 fev. 2024.

56 Encyclopedia.com. Tithe War (1830-1838). Disponível em: https://www.encyclopedia.com/international/encyclopedias-almanacs-transcripts-and-maps/tithe-war-1830-1838 Acesso em: 9 fev. 2024.

57 Charles Spurgeon, Christ's Poverty, our Riches, *Spurgeon Gems*. Disponível em: https://www.spurgeongems.org/sermon/chs2716.pdf. Acesso em: 9 fev. 2024.

58 Charles Spurgeon, *Robbers of God* (Christian Classics Ethereal Library). Disponível em: https://ccel.org/ccel/spurgeon/sermons36/sermons36.xxxiv.html. Acesso em: 9 fev. 2024.

59 David Croteau, *You Mean I Don't Have to Tithe?*

60 Matthew Henry, *Matthew Henry Bible Commentary*. Genesis 14:17-20. Christianity.com. Disponível em: https://www.christianity.com/bible/commentary/matthew-henry-complete/genesis/14. Acesso em: 9 fev. 2024.

61 Charles Finney, apud David Croteau, *You Mean I Don't Have to Tithe?*

62 Russell Earl Kelly, 1873: *Tithing first suggested in USA*. Disponível em: https://www.tithing-russkelly.com/alcorn-randy-tithing-rebuttal/. Acesso em: 9 fev. 2024.

63 E. B. Stewart, *The Tithe*, p. 71.

64 George F. Bradford, Stewardship and Tithing (St. Louis: The Bethany Press, 1926), p. 181. Disponível em: https://archive.org/details/stewardshiptithi0000brad/mode/1up. Acesso em: 9 fev. 2024.

65 Giving and Tithing. *Biblia. Work*. Disponível em: https://www.biblia.work/sermons/giving-and-tithing. Acesso em: 9 fev. 2024.

66 Billy Graham, *Partners with God*. Disponível em: https://billygraham.org/audio/partners-with-god. Acesso em: 9 fev. 2024.

67 Edir Macedo, Por que devolver o dízimo?, *Universal.org*, 2016. Disponível em: https://www.universal.org/noticias/post/por-que-devolver-o-dizimo/. Acesso em: 9 fev. 2024.

68 R. R. Soares, Perguntas e respostas sobre o dízimo (Graça Editorial, 2018).

69 CONVENÇÃO GERAL DAS ASSEMBLEIAS DE DEUS NO BRASIL. *Declaração de Fé* (Rio de Janeiro: CPAD, 2017), p. 80. Disponível em: https://assembleia.org.br/wp-content/uploads/2018/03/Declaracao_de_fe_2018.pdf. Acesso em: 9 fev. 2024.

DÍZIMO: O QUE MAIS IMPORTA?

70 Seventh-day Adventist Beliefs. Belief 21 – Stewardship. ESW Writings. Disponível em: https://egwwritings.org/read?panels=p14102.55&index=0; Putting God First – Tithe. Stewardship Ministries. Disponível em: https://stewardship.adventist.org/tithe. Acesso em: 9 fev. 2024.

71 IGREJA PRESBITERIANA DO BRASIL, *Carta pastoral sobre o dízimo*: método de contribuição praticado pela IPB, (Brasília: Ágil Gráfica, 2018), ed. digital. Disponível em: http://www.tesourariaipb.org.br/downloads/carta_pastoral.pdf. Acesso em: 9 fev. 2024.

72 Cremos em quê? Quadrangular.com. Disponível em: https://www.quadrangular.com.br/ Artigo/6846/No-que-cremos. Acesso em: 9 fev. 2024.

73 Declaração Doutrinária da Convenção Batista Brasileira. Disponível em: https:// convencaobatista.com.br/site/pagina.php?MEN_ID=22. Acesso em: 9 fev. 2024.

74 Dízimo I. Portal Luteranos, 2012. Disponível em: https://www.luteranos.com.br/textos/ dizimo-i. Acesso em: 9 fev. 2024.

75 Natanael Rinaldi, *Controvérsias da Congregação Cristã no Brasil* ICP, 2011. Disponível em: https://www.icp.com.br/df92materia6.asp. Acesso em: 9 fev. 2024.

76 *Catecismo da Igreja Católica*: compêndio, promulgado em 28 de junho de 2005. Disponível em: https://www.vatican.va/archive/compendium_ccc/documents/archive_2005_ compendium-ccc_po.html. Acesso em: 9 fev. 2024.

77 PEW RESEARCH CENTER. Global Survey of Evangelical Protestant Leaders. 2011. Disponível em: https://www.pewresearch.org/religion/2011/06/22/global-survey-of-evangelical-protestant-leaders/. Acesso em: 9 fev. 2024.

Conclusão

O dízimo bíblico não se resume a "dar a décima parte da renda mensal à igreja". Essa definição não representa a prática dos três dízimos no Antigo Testamento, tampouco o modelo de doação radical no Novo Testamento. Ela é uma tradição criada ao longo da história da igreja como uma solução das necessidades da comunidade cristã, inspirada na entrega dos patriarcas, no dízimo dos levitas, na repreensão de Malaquias e nas menções de Jesus e do autor de Hebreus.

Essa definição ignora largamente os princípios revelados nos múltiplos dízimos da lei mosaica, seu caráter de justiça e equidade social, a crítica de Amós à entrega dos dízimos de forma religiosa e o ensino dos apóstolos sobre doação. Assim, quando "dar 10% da renda mensal à igreja" se torna obrigatório e inquestionável, mesmo diante dessa compreensão bíblica mais ampla, há um risco inevitável: o legalismo.

O principal problema do legalismo é o fardo do castigo. Muitos usam o versículo de Malaquias para dizer que não dar o dízimo é *roubar a Deus* e que isso gera maldição: "Os mandamentos de Deus nos foram dados para os cumprirmos à risca. O dízimo é dívida. Por isso, retê-lo é considerado roubo".[1] Outros vão ao ponto de afirmar que quem não dizima não pode ser salvo, pois *ladrões* não herdarão o reino dos céus.[2] De forma ainda mais extrema, há quem diga que o "cristão que deixa de ofertar ou entregar seu dízimo está se aliando ao Diabo contra o projeto de Deus".[3]

Contudo, Cristo se fez maldição por nós, tirando toda condenação (Gl 3:10-13) e se tornando salvação para todos os que creem (Rm 10:12-13). Essa é a essência do evangelho. O cristão é chamado para agir sob a lei da liberdade (Tg 2:12), pois foi para a liberdade que Cristo nos libertou (Gl 5:1), e usá-la para honrar a Deus com *todos* os seus recursos, não apenas 10%.[4]

Dizer que não dar o dízimo resulta em castigo exclui da graça de Deus os que não podem doar (pobres, desempregados, órfãos, viúvas etc.). Mas Deus não os exclui. Na verdade, ele chama pobres, aleijados, mancos e cegos para seu banquete (Lc 14:15-23). Esses não têm nada a *dar* para Deus. Jesus disse que os publicanos e as prostitutas estão entrando antes que os religiosos no reino de Deus, embora esses fossem dizimistas rigorosos (Mt 21:31).

Ao ler as palavras de Jesus e dos apóstolos, fica evidente que ameaçar não dizimistas com o devorador e recompensar dizimistas com promessas de prosperidade material não tem nada a ver com as boas-novas do reino de Deus. Mas e na prática? Como lidar com dízimo e doações de forma bíblica e equilibrada em nosso dia a dia?

A referência de 10% deve ser descontinuada por fazer parte da antiga aliança ou deve ser continuada como uma forma eficaz de sustentar a igreja, com base num princípio revelado por Deus nos primórdios? Qual deve ser a postura do cristão sincero que quer servir a Deus com seus recursos?

Notas

1   Hernandes Dias Lopes; Arival Dias Casimiro, Dízimos e ofertas são pra hoje?, p. 57.

2   DE THAL MANEIRA. É preciso dar o dízimo? – Paulo Junior. YouTube, 2018. Disponível em: https://www.youtube.com/watch?v=fvr-ltOhKoc. Acesso em 12 jan. 2024.

3   Osésa Rodrigues de Oliveira, *Dinheiro: um assunto espiritual* (Porto Alegre: Simplíssimo, 2015), ed. digital.

4   O propósito da liberdade não é justificar ser mesquinho (individualismo) ou se desfazer de todos os tipos de deveres (antinomianismo), mas servir em amor.

Parte II
Devo dar o dízimo?

    O dízimo não deve ser um mandamento cuja desobediência acarrete castigo, pois não é assim que opera a nova aliança. Dessa forma, não faz sentido que ele seja ensinado como prática *obrigatória* para cristãos. Mas seria o dízimo uma responsabilidade moral, uma orientação ética que deve ser mantida para suprir a igreja e os necessitados, assim como são as diretrizes referentes a cuidar dos filhos, honrar os pais, respeitar as leis civis? O dízimo é um dever moral no sentido de *ser a coisa certa a se fazer*?

    É muito simplista afirmar que o valor do dízimo deve ser de 10% porque a palavra significa "a décima parte". Se o dízimo praticado por cristãos for derivado da lei mosaica, faria mais sentido que fosse de, no mínimo, 20%, além de ser designado a diversos fins. Se for inspirado nos patriarcas, a entrega da décima parte até se justificaria, mas ainda assim faltam provas de que isso tenha sido ordenado por Deus, de que tal porcentagem era aplicada sobre a renda total, de que era entregue regularmente e de que prevaleça como princípio para cristãos.

    Sendo assim, entendo que a prática de "dar a décima parte da renda à igreja" tenha duas visões possíveis:

    1. Continuidade: o dízimo é mantido como uma *prática positiva* a fim de suprir as necessidades da igreja e do próximo, com a consciência de que porcentagens são meras referências e não devem ser exigidas sob um jugo legalista;

2. **Descontinuidade**: o dízimo é considerado uma *prática obsoleta*, mas não anula a necessidade de ser generoso para suprir as necessidades da igreja e do próximo, nem justifica um individualismo relativista.

A primeira visão afirma que o dízimo é um princípio, um padrão de conduta, não um mandamento, uma ordem ou uma espécie de lei. Princípio não gera condenação; mandamento, sim. Princípio trata da essência moral, enquanto mandamento trata do cumprimento de regras. Assim, ainda que o dízimo não seja um *dever teológico*, ele permanece sendo um *dever sociológico*.[1]

Os autores do Novo Testamento usaram princípios da lei como base para ensinamentos éticos.[2] Por exemplo, a lei "Não amordace o boi enquanto estiver debulhando o grão" foi usada por Paulo para enfatizar a importância de honrar os líderes, provendo-lhes sustento (1Tm 5:17-18; Dt 25:4). A lei do boi em si é obsoleta, mas o princípio de sustentar os líderes permanece. Da mesma forma, o dízimo não é mais aplicável como lei, mas permanece como forma de adorar e ser grato ao Criador de todas as coisas, como também de sustentar a igreja e os necessitados.

A segunda visão se baseia no padrão de Jesus de dar toda a vida e de não estar preso a porcentagens específicas. Ainda que o dízimo tenha sido praticado antes da lei, ele não tem mais aplicabilidade para cristãos, assim como outras práticas que antecederam a lei, como guardar o sábado (Gn 2:3), praticar a circuncisão (17:10) ou não comer carne com sangue (9:3-7).

DÍZIMO: O QUE MAIS IMPORTA?

O dízimo deve ser descontinuado por ser parte de uma aliança que foi suplantada por algo infinitamente superior (Hb 7:19). Por isso, o cristão deve ser encorajado a ir muito além do dízimo, visando ao amor e à equidade do reino de Deus (2Co 8:13-15). A nova aliança nos revela que tudo o que temos é de Deus. Por isso, a *lei moral* cristã eterna e universal não é o dízimo, mas a generosidade. Esta nunca se tornará obsoleta.[3]

Tendo feito essa breve apresentação das duas visões, iremos nos aprofundar nos principais argumentos de cada uma, apresentando as informações necessárias para que você decida, com consciência e convicção, como lidar com o tema do dízimo em sua vida pessoal e em sua comunidade cristã.

PARTE II: DEVO DAR O DÍZIMO?

Notas

1 Devo essa ideia ao meu amigo Richard Fehlberg, um dos revisores do manuscrito deste livro.

2 CROSSWAY, Do We Still Need to Obey the Old Testament Commandments?, *Vimeo*, 2018. Disponível em: https://vimeo.com/259813626. Acesso em: 16 out. 2023.

3 Dale Chamberlain, Is Tithing A Biblical Requirement For Christians? *Kainos Project*, 2021. Disponível em: https://kainosproject.com/2021/10/04/tithing/. Acesso em: 16 out. 2023. Nas palavras do autor, "na era da igreja, o dízimo, da forma que era compreendido no Antigo Testamento, parece obsoleto. Contudo, isso não significa que os seguidores de Jesus não foram chamados à generosidade. Ela nunca foi e nunca será obsoleta".

Dízimo é uma prática positiva

> É claro que é preciso dar para a obra de Deus, e o dízimo é simplesmente um indicador da generosidade que lhe é esperada. Em outras palavras, você é livre para dar mais [...] O Novo Testamento nos livra do legalismo de "tem de ser 10%, aí está". Mas essa liberdade não significa que você não tenha que dar esse tanto, nem que você pode dar 2%, 5% ou quanto quiser. Em vez disso, ela pressupõe que você dará e, por favor, dê mais.[1]
>
> N. T. Wright

O DÍZIMO É UM PONTO DE PARTIDA

Todo cristão é chamado a dar. O dízimo é uma forma possível de dar. Conforme o professor Ervin Budiselić, "Apesar de o dízimo não ser obrigatório para os cristãos, estes são *obrigados a dar*, e o dízimo *pode ser* uma forma de apoiar financeiramente a igreja local".[2] Uma vez que os cristãos são chamados a uma vida de doação, a prática do dízimo como princípio é uma resposta positiva e pragmática a esse chamado. Assim, o dízimo pode ser uma referência mínima que impulsiona o cristão a ter uma disciplina de doação e a ser mais generoso.

Clemente de Alexandria (150-215) argumenta que a Torá é uma fonte de ética, justiça e virtude para toda a humanidade.

PARTE II: DEVO DAR O DÍZIMO?

Para ele, o dízimo e os primeiros frutos ensinavam princípios valiosos como evitar a ganância, exercer bondade para com o próximo e sustentar os líderes.[3] Na mesma linha, o pastor Douglas Gonçalves diz que "nós não estamos debaixo da lei, mas é inegável que os princípios deixados por Deus na lei são maravilhosos".[4]

Se o cristão deve exceder a justiça dos fariseus, como conseguirá fazê-lo se não der nem 10%? O teólogo Jonathan Edwards (1703-1758) afirma que, ainda que o dízimo seja uma lei cerimonial e, portanto, não obrigatória para o cristão, não há argumento que comprove que o cristão deve dar *menos* do que 10%.[5] Para o pregador e acadêmico James B. Gabrell (1841-1921), "é impensável, do ponto de vista da cruz, alguém dar menos sob a graça do que os judeus deram sob a lei".[6] O pastor Yuri Breder segue essa linha, dizendo: "Aquele que já deu tudo não tem problema em dar 10%. Mas aquele que não quer dar nada vai ter problema em dar até 1%."[7]

O dízimo pode ser comparado às rodinhas da bicicleta de uma criança. Uma vez que ela supera o medo e pedala com segurança, as rodinhas são deixadas na garagem. Da mesma forma, quando o cristão, guiado pelos 10%, aprende a dar com alegria, ele doa 15%, 20%, até deixar de contar.[8] Assim como Deus usou o dízimo para levar os judeus a Cristo, ele usa o dízimo agora para nos levar à generosidade.[9] Como diz o autor Jim Newheiser:

> Embora eu não creia que possamos explicitamente *exigir* que o cristão dê exatamente (ou no mínimo) 10%, com o passar do tempo muitos cristãos descobriram que o dízimo era um bom parâmetro (ou base de referência) para contribuir [...] Meu conselho é fazer de 10% o ponto de partida e depois, ao longo da vida, elevar o percentual de renda que você tem o privilégio de dedicar à obra do Senhor.[10]

O dízimo é um bom ponto de partida. Está longe de ser o fim, mas é um início.[11] Na experiência de muitos, é mais fácil dar generosamente quando se começa usando o dízimo como referência.[12] Nessa ótica, o pastor Arival Dias Casimiro diz que "entregar o dízimo é reconhecer o senhorio de Cristo sobre tudo o que existe, e principalmente sobre os bens que ele nos confia para administrar. O dízimo é o ponto de partida para uma generosidade radical".[13] Por isso, muitos cristãos na história[14] recomendam que seja dado, no mínimo, um décimo; no máximo, conforme Deus o tem feito prosperar.[15]

O DÍZIMO É BENÉFICO

O dízimo beneficia tanto quem doa como quem recebe. Monetariamente, dar o dízimo significa *perder* 10% da renda mensal. Mas, espiritualmente, essa prática oferece muitos benefícios ao doador: corta a raiz do egoísmo,[16] nutre a virtude da fraternidade, concede o privilégio de colaborar com a obra divina, gera alegria no coração.[17] Ele ainda leva o cristão a confiar em Deus nas questões materiais durante as diferentes estações da vida, seja na riqueza, seja na pobreza.[18]

Quem dá o dízimo não o faz porque Deus precisa, mas porque *ele* precisa; porque a suprema felicidade do ser humano depende de confiar e depender de Deus.[19] Os judeus foram instruídos a separarem o dízimo de tudo "para que aprendam a temer sempre o Senhor, o seu Deus" (Dt 14:23). O propósito não era apenas fazer uma transação de bens, mas ter uma atitude de adoração. "O dízimo, mais do que um valor, é um emblema. É um sinal de fidelidade a Deus e confiança em sua providência".[20] É um memorial constante que expressa nosso temor a Deus, nosso sustentador, que de tudo nos provê ricamente, para a nossa satisfação (1Tm 6:17).

PARTE II: DEVO DAR O DÍZIMO?

O dízimo também é um mecanismo antiganância, que estimula o cristão a não dar apenas quando quer. Ele é um dos grandes antídotos de Deus para a cobiça.[21] Essa prática incentiva mais e mais a generosidade, e isso atrai cada vez mais a bênção de Deus. O generoso prosperará (Pv 11:24-25) para que sua prosperidade resulte em mais generosidade: "Vocês serão enriquecidos de todas as formas, para que possam ser generosos em qualquer ocasião e, por nosso intermédio, a sua generosidade resulte em ação de graças a Deus" (2Co 9:11).

Dar o dízimo gera disciplina, generosidade e compromisso com o reino de Deus. Um estudo em 2012 conduzido pela revista *Christianity Today* nos Estados Unidos mostra que 54% dos dizimistas davam entre 11 e 15% de sua renda, e outros 14% entre 16 e 20%, independentemente da classe social. O estudo conclui que quem é dizimista constrói o hábito de dar e, por isso, ao longo do tempo, aumenta sua disposição em dar mais.[22] Semelhantemente, em 2004, na Escócia, foi relatado que, ainda que o dízimo não fosse o padrão bíblico adequado de doação, "as doações mais generosas vêm daqueles que escolhem dar o dízimo e das congregações que inserem o dízimo como parte de seus ensinos sobre doação cristã".[23]

O bispo católico Edson Oriolo defende o dízimo como uma contribuição positiva para o amadurecimento do cristão:

> O dízimo, como uma contribuição ou doação livre, torna-se uma exigência ética, e não jurídica, e expressão da maturidade de fé dos fiéis cristãos. Nesse sentido, revela a vivência de um compromisso eclesial. É uma prática caritativa. O fiel vai contribuir, de maneira sistemática e periódica, não apenas na sustentação econômica da infraestrutura comunitária (despesas com materiais e prestadora

111

DÍZIMO: O QUE MAIS IMPORTA?

de serviços), mas também com a evangelização e o cuidado com os pobres.[24]

Assim, além de ser benéfico, por formar uma consciência para a generosidade, o dízimo leva o cristão a suprir de forma prática e responsável as necessidades da comunidade cristã e de sua missão de alcançar o mundo.

O DÍZIMO É UMA SOLUÇÃO PRÁTICA

O dízimo é uma solução prática a uma necessidade contínua da igreja. Conforme o *Easton's Bible Dictionary*, "não se pode afirmar que a lei do dízimo do Antigo Testamento é obrigatória à igreja cristã. Contudo, o princípio da lei permanece e está incorporado no evangelho em 1Coríntios 9:13-14".[25] Essa passagem aos coríntios ensina que "o Senhor ordenou àqueles que pregam o evangelho que vivam do evangelho". Ou seja, é importante suprir as necessidades dos líderes cristãos de forma regular, assim como era feito com os sacerdotes na lei. Sem o dízimo, qual será a forma de doação, regular e proporcional, capaz de suprir as necessidades constantes da igreja?

O bispo evangélico Tarles Elias afirma: "Não creio que o dízimo seja obrigatório para o cristão. Porém, creio que todo cristão deve entender que a melhor forma de contribuir para a igreja é com o dízimo."[26] Da mesma forma, o judeu messiânico Rosh Gilberto Branco diz que, ainda que o dízimo não seja um mandamento para o cristão, "a contribuição sugerida de 10% dos rendimentos, baseada na Torá [em Abraão e Jacó], é a maneira mais prática de uma organização religiosa ter o seu sustento e pagar as suas contas".[27]

Dizimar é uma forma metódica e benéfica de investir no reino de Deus, possibilitando à igreja se planejar de forma

PARTE II: DEVO DAR O DÍZIMO?

responsável e relevante. Conforme diz o pastor Luiz Sayão, com o dízimo "dá para a igreja fazer um planejamento. Se ela sabe que está recebendo um tanto de doações, ela pode mandar tal quantidade para quem estiver passando necessidade".[28]

Ele ainda é um "meio de contribuir para o avanço de seu reino neste mundo".[29] É um tipo de financiamento coletivo para projetos de missões, transformação social, tradução da Bíblia, evangelização e expansão do reino de Deus. Além de fomentar a liberalidade do doador e suprir as necessidades dos líderes cristãos, o dízimo, como prática regular, capacita a igreja em sua missão de mudar o mundo.

O DÍZIMO É UMA QUESTÃO DE FIDELIDADE

A prática do dízimo é diferente de simplesmente doar. Ela é uma responsabilidade exercida de forma regular, revelando fidelidade a Deus. No Antigo Testamento, o dízimo da produção não pertencia aos produtores; ele era santo ao Senhor desde a origem:[30] "Todos os dízimos da terra, seja dos cereais, seja das frutas, pertencem ao SENHOR; são consagrados ao SENHOR" (Lv 27:30). O povo de Israel era extremamente cauteloso em não comer a parte da colheita a ser destinada como dízimo (em hebraico, *tevel*), pois ela pertencia a Deus.

Nas palavras do filósofo e historiador John Rushdoony, uma vez que a terra pertence ao Senhor, "o dízimo era a taxa de Deus para o uso da terra; não era uma doação a Deus".[31] Entregar o dízimo hoje é reconhecer a soberania e o domínio de Deus sobre os nossos meios de produção. O propósito de entregar o dízimo a Deus é reconhecer que tudo é dele. Como diz o escritor Arthur Pink, "o método escolhido por Deus para financiar o trabalho que ele colocou em nossas mãos é o dízimo — a disposição de um décimo de tudo o que recebemos para

113

a sua causa".[32] O dízimo é uma entrega parcial de uma atitude integral: o reconhecimento de que Deus, como nosso Senhor e Rei, tem direito sobre *tudo* que produzimos e fazemos.[33]

O mais importante em relação ao dízimo é praticar o princípio da fidelidade, ou seja, doar de forma regular tanto no sentido temporal (por exemplo, todo mês) como intencional (por exemplo, para a comunidade em que se congrega). Dizimar é uma partilha constante, sempre fresca na memória. É renunciar a si mesmo. É um chamado a um sacrifício individual em prol de benefícios comunitários. Como diz a Bíblia: "Não se esqueçam de fazer o bem e de compartilhar com os outros o que vocês têm, pois Deus se agrada de tais sacrifícios" (Hb 13:16).

Conforme escreveu o pastor Ray Ortlund, o que Deus espera de nós é que o honremos em todas as áreas da vida, inclusive na área financeira. "Não devemos pensar que [dizimar] é uma ação heroica, sacrificial e impressionante. Dizimar é o básico da obediência. É o começo do discipulado. Quando dizimamos, devemos pensar: 'Bom, isso é para iniciantes. Mas começo daqui'. Então vamos dizimar."[34] Da mesma forma, o pastor Luciano Subirá ensina que Deus está interessado na atitude que nos leva a lhe entregar o que temos. O que conta para Deus é a honra,[35] ele não precisa de nosso dinheiro; nós é que precisamos dele no primeiro lugar de nossa vida.

Dízimo não é algo que escolhemos quando dar.[36] Como diz o pastor Hernandes Dias Lopes, "devemos trazer o dízimo, ainda que nosso coração não esteja sentindo".[37] Não é apenas questão de dar voluntariamente, mas de honrar a Deus e sua missão. Embora alguns façam do dízimo uma prática legalista, ele pode ser uma prática sincera que revele fidelidade e compromisso: "Legalismo é o que acontece quando a lei se torna um fim em si mesma. Se o dízimo é trazido como meio para um fim — apoiar a igreja e a missão de Deus no mundo

— ele não se torna um fim em si mesmo."[38] Quando o dízimo não é dado como uma prática legalista, ele pode ser um exercício positivo, que honra a Deus.[39]

Além disso, dizimar não é apenas um ato entre uma pessoa e Deus. É uma resposta à necessidade espiritual e material do mundo. A igreja possui a missão de ser sal e luz no mundo e, para cumpri-la, precisa de recursos. A prática do dízimo é uma forma de conduzir cristãos a serem fiéis e generosos, para que, assim, mais pessoas conheçam o amor de Deus.

Notas

1 N. T. Wright, Ask NT Wright Anything #130: Do I need to tithe? Church rules, covenants and leadership, OpenTheo, 2022. Disponível em: https://opentheo.org/i/4503599627370518360/130-do-i-need-to-tithe-church-rules-covenants-and-leadership. Acesso em: 9 de fev. de 2024.

2 Ervin Budiselic, The Role and the Place of Tithing in the Context of Christian Giving — Part 1, *KAIROS – Evangelical Journal of Theology*, v. 9, n. 1, 2015, p. 31-58.

3 CLEMENT OF ALEXANDRIA. *The Stromata*, 2.18. Disponível em: https://www.newadvent.org/fathers/02102.htm. Nas palavras de Clemente, "Todas as virtudes delineadas por Moisés forneceram aos gregos os rudimentos de sua base moral [...]. O dízimo das frutas e dos rebanhos ensinava a piedade. Não tomar tudo para si cobiçosamente, mas demonstrar presentes de bondade ao próximo. Pois foi através dos dízimos e das primícias, creio eu, que os sacerdotes foram mantidos. Logo, agora entendemos que somos instruídos na piedade, na liberalidade, na justiça e na humanidade pela lei".

4 JESUSCOPY. Dízimo – Douglas Gonçalves. YouTube, 2016. Disponível em: Disponível em: https://www.youtube.com/watch?v=028RdAbeJW0. Acesso em: 9 de fev. de 2024.

5 David Croteau, *You Mean I Don't Have to Tithe?*, p. 21.

6 CALVARY CHAPEL SIERRA VISTA. Giving, Tithing & Stewardship. https://calvarysv.org/giving-tithing-stewardship. Acesso em: 9 de fev. de 2024.

7 ESCOLA DO DISCÍPULO. O dízimo não é um mandamento? Conversa com Yuri Breder. YouTube, 2019. Disponível em: https://www.youtube.com/watch?v=kOskwe8uhSU. Acesso em: 9 de fev. de 2024.

8 Tithing. Christian Classics Ethereal Library. Disponível em: https://ccel.org/entity/tithing. Acesso em: 9 de fev. de 2024.

9 Edwin H. Hughes, apud George W. Brown, *Gems of Thought on Tithing*, p. 220.

10 Jim Newheiser, *Dinheiro, dívida e finanças*: perguntas e respostas fundamentais (São Paulo: Vida Nova, 2023), ed. digital.

11 Burk Parsons, What percentage of our income should Christians give to the church?, *Ligonier*. Disponível em: https://www.ligonier.org/learn/qas/what-percentage-of-income-should-christians-give-to-the-church. Acesso em: 9 de fev. de 2024.

DÍZIMO: O QUE MAIS IMPORTA?

12 Marvin Tate, Tithing: Legalism or Benchmark?, *Review & Expositor*, 70(2), 153-161, 1973. Disponível em: https://journals.sagepub.com/doi/abs/10.1177/003463737307000203?jour nalCode=raeb. Acesso em: 9 de fev. de 2024.

13 Hernandes Dias Lopes; Arival Dias Casimiro. *Dízimos e ofertas são pra hoje?* (São Paulo: United Press, 2017), ed. digital.

14 Como exemplo, a Convenção de 1982 da Igreja Episcopal reitera: "que o dízimo seja afirmado como o mínimo padrão de doação". EPISCOPAL CHURCH. Affirm the Tithe As the Standard of Giving. The Archives of the Episcopal Church. Disponível em: https://www.episcopalarchives.org/cgi-bin/acts/acts_resolution-complete.pl?resolution=1982-A116. Acesso em: 9 de fev. de 2024.

15 H. Whiteman, apud George W. Brown, *Gems of Thought on Tithing*, p. 70.

16 IGREJA BATISTA NAÇÕES UNIDAS. 180 Graus | EP 69 | A Contribuição Financeira | Luiz Sayão, Susie Lee e André Castilho.

17 John Holliday, apud George W. Brown Gems of Thought on Tithing, p. 23.

18 Arthur W. Pink, *Tithing*, ed. digital. Disponível em: https://ccel.org/ccel/pink/tithing/tithing. Acesso em: 9 de fev. de 2024.

19 Charles Leslie, *An Essay Concerning the Divine Right of Tythes*, p. 4.

20 LOPES, Hernandes Dias; CASIMIRO, Arival Dias. *Dízimos e ofertas são pra hoje?*.

21 John Peter, Toward the Tithe and Beyond, Desiring God. Disponível em: https://www.desiringgod.org/messages/toward-the-tithe-and-beyond. Acesso em: 9 de fev. de 2024.

22 Brian Kluth, *20 Truths About Tithers* (Denver: State of the Plate, s/d). Disponível em: http://www.ecfa.org/Documents/News/20-Truths-About-Tithers-Executive-Summary-eBook-Report.pdf. Acesso em: 9 de fev. de 2024.

23 Church of Scotland, Appendix 1: Christian Giving. Disponível em: https://www.churchofscotland.org.uk/__data/assets/pdf_file/0013/2371/stewardship_2004report.pdf. Acesso em: 9 de fev. de 2024.

24 Edson Oriolo, *Dízimo*: pastoral e administração (São Paulo: Paulus, 2021), ed. digital.

25 Entrada *tithe*, *Easton's Bible Dictionary*, Christian Classics Ethereal Library. Disponível em: https://www.ccel.org/e/easton/ebd/ebd/T0003600.html. Acesso em: 9 de fev. de 2024.

26 TEOLOGAR. Dízimo é obrigatório para o cristão? YouTube, 2019. Disponível em: https://www.youtube.com/watch?v=r1niJhOSESk. Acesso em: 9 de fev. de 2024.

27 Roth Gilberto Branco, Por que dez por cento? (Beit Mashiach, 2022). Disponível em: https://beitmashiach.org.br/blog/Estudos/por-que-dez-por-cento. Acesso em: 9 de fev. de 2024.

28 IGREJA BATISTA NAÇÕES UNIDAS. 180 Graus | EP 69 | A Contribuição Financeira | Luiz Sayão, Susie Lee e André Castilho.

29 Augustus Nicodemus, O que a Bíblia fala sobre dinheiro (São Paulo: Mundo Cristão, 2021), p. 97.

30 E. B. Stewart, The Tithe (Chicago; Winona Lake: Winona Publishing, 1903), p. 71. Disponível em: https://archive.org/details/tithe00stew/page/n4/mode/1up. Acesso em: 9 de fev. de 2024.

31 Edward Powell; John Rushdoony. Tithing and Dominion, p. 2.

32 Arthur W. Pink, Tithing.

33 Edward A. Powell; Rousas John Rushdoony. Tithing and Dominion, p. 17.

34 Ray Ortlund, Jesus and Tithing, *The Gospel Coalition*, 2017. Disponível em: https://www.thegospelcoalition.org/blogs/ray-ortlund/jesus-and-tithing/. Acesso em: 9 de fev. de 2024.

35 Luciano Subirá, *Uma questão de honra*: o valor do dinheiro na adoração (Curitiba: Orvalho, 2004), p. 17.

36 PASTOR JUCÉLIO. O princípio do dízimo | Impartindo o coração. YouTube, 2020. Disponível em: https://www.youtube.com/watch?v=MenvGzz8is0. Acesso em: 9 de fev. de 2024.

PARTE II: DEVO DAR O DÍZIMO?

37 Hernandes Dias Lopes; Arival Dias Casimiro. *Dízimos e ofertas são pra hoje?*

38 Tobias Stanislas Halles, God First: a Tithing Catechism, *The Brotherhood of Saint Gregory*. Disponível em: https://gregorians.org/publications/god1st.pdf. Acesso em: 9 de fev. de 2024.

39 Holmes Rolston, *Stewardship in the New Testament Church*, apud David Croteau, *You Mean I Don't Have to Tithe?*, p. 67.

Dízimo é uma prática obsoleta

> Não acredito que os cristãos de hoje estejam sob o sistema de dízimo de 10%. Não somos obrigados a dar a porcentagem do dízimo de forma alguma. Não há um único versículo no Novo Testamento em que Deus especifica que devemos dar 10% da renda para a igreja [...]. Devemos dar conforme nossa capacidade. Para alguns, isso significa menos de 10%, mas, para outros aos quais Deus abençoou materialmente, isso significará muito mais do que 10%.[1]
>
> Ron Rhodes

O DÍZIMO É IRRELEVANTE

Em uma chamada de vídeo, o autor David Croteau me disse: "Dez por cento não é um objetivo. Esse valor era irrelevante para os judeus e é irrelevante para os cristãos. Dez por cento não é um modelo de amor de Cristo para nossas comunidades. É possível que uma viúva, mãe de três filhos, ganhe um salário mínimo, dê 2% e siga a Cristo. O fato de não dar 10% jamais deve ser razão para alguém se sentir culpado."

Por que o cristão que tem poucas condições financeiras deveria ser obrigado a dar 10%, se Paulo ensina que "a contribuição é aceitável de acordo com aquilo que alguém tem,

PARTE II: DEVO DAR O DÍZIMO?

não de acordo com o que não tem" (2Co 8:12)? De outro lado, por que o cristão com boas condições financeiras deveria se ater a 10%, se Jesus disse que nossa justiça deve exceder a dos fariseus, que davam três dízimos e ofertas?

John Wesley (1703-1791) era contra estabelecer uma proporção específica para a doação. Para ele, fixar uma porcentagem poderia impedir o coração de entregar mais, alimentando um senso de dever cumprido:

> *Dê tudo o que puder*, ou, em outras palavras, dê tudo o que você tem a Deus. Não se restrinja, como o judeu, em vez do cristão, a essa ou aquela proporção. Dê a Deus não um décimo, nem um terço, nem a metade, mas *tudo* o que é de Deus, seja mais, seja menos; de tal maneira que você preste contas de sua mordomia.[2]

Como diz o autor Richard Foster, "O dízimo não é necessariamente mau. Ele simplesmente não é radical o suficiente para incorporar o chamado de Jesus."[3] Não foi o dízimo que levou os primeiros cristãos a revolucionarem o mundo com a inacreditável expansão do evangelho nos primeiros séculos. Foi o sangue dos mártires e o cuidado pelos pobres. O último imperador pagão do mundo romano, Juliano, o Apóstata, se espantou com a atitude dos cristãos diante dos pobres romanos: "É vergonhoso que os ímpios galileus sustentem não apenas seus próprios pobres, mas também os nossos, enquanto todos veem que o povo carece de nossa ajuda."[4]

As primeiras comunidades cristãs estavam dispostas a dar *tudo*. Elas não doavam para cumprir uma métrica que lhes dizia o mínimo que deveriam fazer. Elas davam de acordo com sua capacidade e conforme a necessidade. A generosidade é fruto de um coração transformado. Se realmente somos ensinados pelo Espírito Santo, não precisaremos de argumentos reforçando o mínimo do que é justo. Seremos ensinados no caminho através da graça, e não da culpa.[5]

Quando perguntei ao teólogo Estevan Kirschner se dar 10% era uma prática recomendada aos cristãos, ele prontamente me disse que não: "Tem que fazer muito malabarismo interpretativo para justificar esse valor." Se a proporção de 10% é questionável, por que a taxa fixa de 10% seria um modelo de amor bíblico e adequado para nossas igrejas?

A porcentagem não é o mais importante.[6] Não devemos ser governados por ela.[7] Jesus não se importava com o volume das ofertas entregues pelos ricos, mas elogiou a atitude da viúva pobre (Mc 12:41-44) e o coração de um publicano arrependido (Lc 19:8-10). Nas palavras do professor J. Vernon McGee, "sob a graça, Deus quer que você dê o que for capaz de dar. Para algumas pessoas, isso seria menos do que o dízimo, e para outras, seria mais do que o dízimo"[8]. Dar 8% ou 15% é igualmente permissível; o problema é ter o coração no lugar errado.[9] Sendo assim, o termo "dízimo" se torna teologicamente obsoleto e irrelevante para o cristianismo.[10]

O DÍZIMO É BÍBLICO, MAS NÃO É CRISTÃO

Conforme o teólogo John MacArthur, "o dízimo não era uma oferta voluntária, era a forma com que a teocracia era financiada".[11] Para ele, a Escritura ensina dois tipos de doação: ao governo, de forma sempre *mandatória*; e a Deus, de forma *voluntária*.[12] O dízimo funcionou como imposto, atendendo as necessidades civis de Israel. Quando Malaquias ordenou a entrega do dízimo, ele estava falando de impostos, não de doações voluntárias, como fazemos na igreja.[13] Assim, se há obrigação ou dever envolvidos, trata-se de uma doação civil, não cristã.

PARTE II: DEVO DAR O DÍZIMO?

A realidade é que a lei jamais poderá exigir mais do que aquilo que o amor dará livremente.[14] A essência da nova aliança não é o cristão cumprir regras para agradar a Deus, pois fomos libertos da lei para servir conforme o novo modo do Espírito, e não segundo a velha forma da lei (Rm 7:6). De acordo com John Piper, nosso novo parâmetro não é mais a lei escrita, mas a lei do amor, manifesta em Jesus. Piper afirma que, em trinta e três anos de ministério, pregou apenas duas ou três vezes sobre dízimo e, quando o fez, levantou a seguinte pergunta: "Irmãos e irmãs, por que iríamos querer dar *menos*?"[15] Ele afirma que, ironicamente, quem tem muito dinheiro e apenas "paga" o dízimo é quem está provavelmente roubando a Deus:

> A questão é que não devemos ser governados por porcentagens. Elas não são obrigatórias. Em vez disso, devemos ser governados por uma generosidade sacrificial que transborde livre e alegremente. Ao longo dos anos, tenho dito com frequência ao meu pessoal que um norte-americano de classe média que esteja dando apenas 10% do dízimo provavelmente está roubando a Deus. Em outras palavras, ficamos tão acostumados com nossa prosperidade ocidental e seu modo de vida que achamos que 5 ou 10% é generoso.[16]

Cada um deve dar conforme determinou em seu coração, pois Deus ama a quem dá com alegria (2Co 9:7). Francis Chan, autor e pastor norte-americano, diz que, em sua igreja, ele parou de fazer coleta dos dízimos nos bancos da igreja porque não quer que ninguém se sinta culpado ao ver quanto os outros doam.[17] Ele fez isso ao perceber que Deus se preocupa mais com o coração, com o desejo de ajudar os outros, do que com o cumprimento de uma prática por pesar ou obrigação.

123

DÍZIMO: O QUE MAIS IMPORTA?

Paulo mostrou que doar não era *obrigação* nas primeiras igrejas: "Como vocês sabem, filipenses, nos seus primeiros dias no evangelho, quando parti da Macedônia, nenhuma igreja participou comigo no que se refere a dar e receber, exceto vocês" (Fp 4:15). Se o dízimo fosse um dever moral, ou até mesmo uma prática positiva, certamente Paulo faria questão de tê-lo ensinado às igrejas. Contudo, em nenhum lugar o Novo Testamento exige o pagamento do dízimo para manter um ministério ou um local de reunião.[18]

O autor James Quiggle diz que o dízimo é uma lei enganosa disfarçada de graça, uma doutrina humana que abusa das Escrituras.[19] Da mesma forma, o professor Eric Hill afirma que o dízimo é uma mentira contada tantas vezes que as pessoas acabam acreditando nela e ignoram a história.[20] Como vimos, no início da igreja, a provisão para ministros era feita por ofertas espontâneas. Apenas quando a igreja se institucionalizou é que se fizeram leis para garantir o sustento adequado e permanente do clero. Foi assim que o dízimo foi extraído da lei mosaica e da prática judaica e forjado como uma tradição cristã.

A própria essência da lei, porém, não era cumprir regras. Era amar a Deus e amar ao próximo, praticando justiça, misericórdia e fidelidade. Como Jesus disse: "Se soubessem o que significa isto: 'Desejo misericórdia, não sacrifícios', não teriam condenado inocentes" (Mt 12:7). Jesus dá precedência às necessidades humanas frente à estrita observância da lei. Se era assim na lei, quanto mais depois, quando o cristão não está mais sob o seu jugo! Como disse o biblista David Pawson, "Jamais poderei ordenar os cristãos a dizimarem, pois essa é uma lei da antiga aliança [...]. Nunca é mencionada no Novo Testamento quando se trata de gentios cristãos".[21] O dízimo é bíblico e histórico, mas não é cristão.[22]

PARTE II: DEVO DAR O DÍZIMO?

O DÍZIMO É PROPENSO AO LEGALISMO

Não é acidental que Jesus tenha mencionado o dízimo apenas em contextos de denúncia ao legalismo.[23] Dar o dízimo como pagamento para receber as bênçãos de Deus é o exato oposto do propósito da doação cristã.[24] Mais importante ainda, o dízimo não conduz naturalmente à liberdade, mas à escravidão. Ele pode fazer o cristão dar por temor, não por amor. Se a entrega do dízimo está atrelada às bênçãos, e sua negligência, às maldições e ao roubo a Deus, ele dificilmente será dado com alegria. Mas "se amamos de verdade, temos um compromisso da lei da liberdade e do amor dentro de nós, que nos faz colocar a vida à disposição, e não porque temos uma regra".[25]

O legalismo era um problema já no início do cristianismo. Alguns judeus convertidos tentaram convencer os gentios a se circuncidarem. Eles diziam que, se os gentios não cumprissem a lei, não poderiam ser salvos. Depois de discussões entre os apóstolos e líderes da igreja, Pedro disse: "Então, por que agora vocês estão querendo tentar Deus, pondo sobre os discípulos um jugo que nem nós nem os nossos antepassados conseguimos suportar?" (At 15:1-10).

Pedro tratou o cumprimento da lei como um jugo insuportável. O que ele diria hoje, se ouvisse, em muitas igrejas brasileiras, que o dízimo é obrigatório? Leis são fardos pesados. Como disse o teólogo nigeriano Philip Igbo, "Os defensores do dízimo fazem com que muitos, inclusive os pobres, sintam-se culpados, pensando que estão roubando a Deus por não pagarem o dízimo".[26] No fim das contas, o dízimo tem sido boas novas para os ricos e más novas para os pobres.[27]

Para alguns pobres, dar 10% da renda pode deixá-los sem dinheiro para pagar as contas; para alguns ricos, 10% é muito menos do que uma doação sacrificial. Como disse o missionário Samuel Kellogg, "A riqueza [no mundo atual]

DÍZIMO: O QUE MAIS IMPORTA?

está tão desigualmente distribuída que nenhuma lei como o dízimo poderia funcionar sem ser desigual e injusta. Para os muito pobres, ela pode ser um fardo muito pesado; para os muito ricos, uma proporção muito pequena [...] o milionário ainda teria milhares para gastar com luxos desnecessários. Seria mais fácil ele dar 90% de sua renda do que o miserável dar 5%".[28] Alguns chegam a dizer que o dízimo é uma espécie de imposto regressivo, que afeta muito mais a condição de vida dos pobres do que dos ricos.[29]

Donald Kraybill, autor de *O reino de ponta-cabeça*, diz que fixar uma porcentagem igual para todos é injusto:

> A fraqueza do dízimo como diretriz primária para dar é óbvia. Uma pessoa que ganha R$ 10.000 por ano dá R$ 1.000 e retém R$ 9.000. Outra pessoa que ganha R$ 100.000 e dá R$ 10.000 tem R$ 90.000 para uso pessoal. O dízimo, infelizmente, concentra nossa atenção no quanto damos e não no quanto nós mantemos. Na forma de ponta-cabeça, Deus se importa mais com o que mantemos do que com aquilo que damos. É menos importante que uma pessoa dê R$ 1.000 enquanto outra dá R$ 10.000. O que conta é que uma luta para cobrir as despesas com R$ 9.000, enquanto outra pode justificar gastar R$ 90.000 ricamente porque, afinal, "já dei o dízimo".[30]

Considerar o dízimo uma obrigação pode nos levar a desviar nossos olhos de Deus e nos submeter a regras que têm até aparência de sabedoria, mas se baseiam em uma relação de medo, e não de graça (Cl 2:20-23). O chamado de Deus aos cristãos não é para seguir regras, mas para viver de forma justa, segundo a liberdade para a qual Cristo nos resgatou. O evangelho é belo demais para ser atrelado ao medo de não cumprir os requisitos.[31]

PARTE II: DEVO DAR O DÍZIMO?

O DÍZIMO É UMA DILIGÊNCIA SUPERFICIAL

O cristão deve ser encorajado a dar muito mais que o dízimo, e quem não tem condições não deve ser forçado a dar porcentagens mínimas. A *lei moral* cristã, eterna e universal, não é o dízimo, mas a generosidade. O dízimo não tem mais validade na vida cristã, pois era uma prática que prefigurava Cristo, e Cristo, quando veio, cumpriu toda a lei (Mt 5:17). Como diz o autor Russell Kelly, "Os cristãos doam, não por causa de qualquer mandamento ou ameaça de maldição por não doar, mas porque doar faz parte de sua nova natureza".[32]

Jesus ensinou que o mais importante é estar disposto a dar *tudo* por ele: "Quem não renunciar a tudo o que possui não pode ser meu discípulo" (Lc 14:33). A décima parte pode ser uma solução fácil, que praticamente desobriga o cristão de ir além. Por isso, "a questão não é quanto você dá, mas o coração com que você dá. Você pode dar 1%, 10%, 20%, 50% porque você não é responsável por dar apenas 10%. Você é responsável por administrar 100% do seu dinheiro."[33]

Ser generoso vai muito além, como fez Zaqueu. Ele deu aos pobres no mínimo 50% de seus bens (Lc 19:8).[34] Imagine se ele fosse *recomendado* a dar 10%! No ensino de João Batista, quem tinha duas túnicas deveria dar uma a quem não tinha nenhuma (Lc 3:11). Essa também é uma partilha de 50%, não de 10%. Na instrução ao jovem rico, Jesus lhe disse para deixar 100%, não 10% (Mt 19:21). Definir números para a doação parece não ser o mais importante para Jesus, mas sim a entrega sincera que não deixa dúvidas sobre quem é seu senhor — Deus ou o Dinheiro (Mt 6:24).

No livro de Atos e nas epístolas, não há nenhuma orientação para a entrega do dízimo.[35] O que há é um desprendimento profundo e radical de bens para suprir as necessidades. Fechar a conta em 10% é como jogar pelo zero a zero. O dízimo pode acabar sendo "um padrão muito baixo e, francamente,

127

DÍZIMO: O QUE MAIS IMPORTA?

subcristão"[36] ou "uma armadilha, se for dada a impressão de que o cristão pode fazer o que quiser com os outros 90%".[37] Seguir a Cristo é uma transformação muito mais profunda do que apenas dar o dízimo de sua renda; trata-se de renunciar a tudo por amor a Deus (Lc 14:33). Isso não apenas na parte financeira, mas também na gestão de tempo, talento, serviço, ideias e projetos.

Como disse o bispo Hilário de Poitiers (de forma hilária!): "Deus ri da diligência superficial daqueles que calculam pepinos".[38] Não faz sentido fazer contas meticulosas para chegar às porcentagens que serão dadas para Deus. Ele não precisa de dinheiro, pois é o dono de todo ouro e prata (Ag 2:8). Ele não amaldiçoa o cristão por causa da porcentagem específica de sua doação. O que ele quer é ser glorificado como Senhor e Sustentador, e que seus filhos e filhas o reflitam com um coração generoso neste mundo.

Notas

1 Ron Rhodes, *The Complete Book of Bible Answers* (Peabody: Harvest, 1997), p. 296.

2 John Wesley, The Use of Money, *Global Ministries*. Disponível em: https://web.archive.org/web/20150402061915/http:/www.umcmission.org/Find-Resources/John-Wesley-Sermons/Sermon-50-The-Use-of-Money. Acesso em: 9 fev. 2024.

3 Richard Foster, *Freedom of Simplicity* (Grand Rapids: Zondervan, 2005), p. 59.

4 Takanori Inoue, The Early Church's Approach to the Poor in Society and Its Significance to the Church's Social Engagement Today, *Working Papers of The American Society of Missiology* (Wilmore: First Fruits, 2017). Disponível em: https://place.asburyseminary.edu/cgi/viewcontent.cgi?article=1074&context=firstfruitspapers. Acesso em: 9 fev. 2024.

5 O argumento desse parágrafo foi extraído de Dale Chamberlain, If Not Tithing, What Does Christian Generosity Look Like? *Kainos*, 2021. Disponível em: https://kainosproject.com/2021/10/06/christian-generosity/. Acesso em: 9 fev. 2024.

6 Matthew Henry, *Matthew Henry Bible Commentary*, Genesis 28:22. Christianity.com. Disponível em: https://www.christianity.com/bible/commentary/mh/genesis/28. Acesso em: 9 de fev. de 2024. Mesmo Matthew Henry, que defendia a obrigatoriedade do dízimo, afirma que "O décimo é uma proporção muito adequada para ser devotada e entregue a Deus, embora, segundo variem as circunstâncias, possa ser mais ou menos, na medida em que Deus nos prospera".

7 John Piper, May I Split My Giving between My Church and Another Ministry?, *Desiring God*, 2016. Disponível em: https://www.desiringgod.org/interviews/may-i-split-my-giving-between-my-church-and-another-ministry. Acesso em: 9 fev. 2024.

8 J. Vernon McGee, *Thru the Bible*.

9 Sam Storms, Are Christians Obligated to Tithe? Disponível em: https://www.samstorms.org/all-articles/post/are-christians-obligated-to-tithe--2-cor--8-9-. Acesso em: 9 fev. 2024.

PARTE II: DEVO DAR O DÍZIMO?

10 Francis Rakotsoane, Is tithing a justifiable development in the Christian church?, *HTS Theological Studies*, v. 77, n. 4, 2021. Disponível em: https://hts.org.za/index.php/hts/article/view/6243. Acesso em: 9 fev. 2024.

11 John MacArthur, *God's Plan for Giving*, Part 1.

12 John MacArthur, Does God require me to give a tithe of all I earn?, *Grace to You*. Disponível em: https://www.gty.org/library/questions/QA144/does-god-require-me-to-give-a-tithe-of-all-i-earn. Acesso em: 9 fev. 2024.

13 David Anderson, The Tithe of Malachi 3:8-11 was a Tax, 2021. Disponível em: https://davidandersontheauthor.com/2021/09/28/the-tithe-of-malachi-38-11-was-a-tax/. Acesso em: 9 fev. 2024.

14 James E. Rodgers, apud George W. Brown, *Gems of Thought on Tithing*, p. 60.

15 DESIRING GOD. Is Tithing Commanded for Christians? YouTube, 2017. Disponível em: https://www.youtube.com/watch?v=XCq8vU_CGqc. Acesso em: 9 fev. 2024.

16 John Piper, *May I Split My Giving Between My Church and Another Ministry?*

17 REVIVED LIFE. The Truth About Tithing // Francis Chan. YouTube, 2017. Disponível em: https://www.youtube.com/watch?v=4cs0gRxzKpY. Acesso em: 9 fev. 2024.

18 Bruce M. Metzger & Michael D. Coogan, *Oxford Companion to the Bible* (Nova York: Oxford UP, 1993), s.v. "tithe."

19 James Quiggle, *Why Christians Should Not Tithe*.

20 Eric M. Hill, Who Created the Financial Tithe? A History of the Tithe, *Short Bible Studies*. com. Disponível em: https://shortbiblestudies.com/who-created-the-financial-tithe-a-history-of-the-tithe/. Acesso em: 9 fev. 2024.

21 DAVID PAWSON VIDEOS. Circumcision, Tithing and Dung. YouTube, 2011. Disponível em: https://www.youtube.com/watch?v=ybig9GcT6mk. Acesso em: 9 fev. 2024.

22 CORTES DOS PODCASTS. Daniel Mastral detona arqueólogo Rodrigo Silva sobre dízimo. YouTube, 2022. Disponível em: https://www.youtube.com/watch?v=K49eFF7PgVM. Acesso em: 9 fev. 2024.

23 Stuart Murray, *Beyond Tithing*.

24 George Pitt, *Can a True Christian Minister Exact Tithes? Reasons for Not Paying Tithes* (Manchester: William Irwin, 1874). Disponível em: https://archive.org/details/canatruechristi00pittgoog/mode/1up?ref=ol. Acesso em: 9 fev. 2024.

25 A CASA DA ROCHA. Dízimo | parte 1/3. YouTube, 2016. Disponível em: https://www.youtube.com/watch?v=72O2rsUbPRk. Acesso em: 9 fev. 2024.

26 Philip Igbo, *The Over-Emphasis on the Paying of Tithe and the Quest for Materialism among Religious Leaders*, p. 203.

27 Stuart Murray, *Beyond Tithing*.

28 Samuel H. Kellogg, Are Tithes Binding on Christians, *Bible Hub*. Disponível em: https://biblehub.com/sermons/auth/kellogg/are_tithes_binding_on_christians.htm. Acesso em: 9 fev. 2024.

29 Alan Kreider, apud Stuart Murray, *Beyond Tithing*.

30 Donald Kraybill, *O reino de ponta-cabeça* (Bragança Paulista: Mensagem para Todos; Jesuscopy, 2017), p. 182.

31 BASIC GOSPEL. Is Tithing Required in the New Covenant? YouTube, 2017. Disponível em: https://www.youtube.com/watch?v=e_xG4Qex8hA. Acesso em: 9 fev. 2024.

32 Russell Earl Kelly, *Should the Church Teach Tithing?*, p. 1.

33 TALMIDIM GALILEU. Dízimo: tire suas dúvidas. YouTube, 2014. Disponível em: https://www.youtube.com/watch?v=NYeJaum69ko. Acesso em: 9 fev. 2024.

34 O exemplo de Zaqueu mostra que dar com coração generoso ultrapassa 10%. No caso dele, além de dar 50% de tudo o que adquiriu ao longo dos anos, Zaqueu se comprometeu a restituir 400% a quem porventura tivesse extorquido.

35 A DEUS TODA GLÓRIA. Por que não cobramos dízimo. YouTube, 2019. Disponível em: https://www.youtube.com/watch?v=H-0VR7V7ooI. Acesso em: 9 fev. 2024.

36 Timóteo Carriker, *Trabalho, descanso, dinheiro*: uma abordagem bíblica (Viçosa: Ultimato, 2000), ed. digital.

37 John Barclay, apud *Church of Scotland*, Appendix 1: Christian Giving. Disponível em: https://www.churchofscotland.org.uk/__data/assets/pdf_file/0013/2371/stewardship_2004report.pdf Acesso em: 9 fev. 2024.

38 HILARY OF POITIERS. *Commentary on Matthew*. Ed. digital.

Questões
práticas

Se eu não der o dízimo, quanto devo dar?

Se o cristão não der 10% de sua renda à igreja, convencido de que essa é uma prática obsoleta, quanto ele deve dar?

A primeira orientação básica é que todo cristão é chamado a dar, considerando com sabedoria sua situação de vida, sua igreja e as pessoas ao seu redor, a fim de identificar possíveis necessidades. Ele deve buscar lidar com recursos com a mente focada na eternidade, não na lógica deste mundo.[1]

Entretanto, é preciso alertar sobre o risco de abolir deveres e porcentagens: desestimular a generosidade e isentar-se da responsabilidade de contribuir. Pode ser mais difícil o cristão viver a generosidade de forma regular e responsável se entende que está desobrigado desse dever. O escritor C. S. Lewis (1898-1963) não defendeu o dízimo, mas buscou um método que estimulasse a generosidade e a compaixão na doação. Em suas palavras,

> Não creio que devemos definir quanto se deve dar. Temo que a única regra segura seja dar mais do que nos sobra. Em outras palavras, se o nosso gasto com conforto, luxos, diversões etc. estiver no mesmo patamar do daqueles que têm o mesmo ganho que nós, provavelmente estamos doando bem pouco. Se nossa

PARTE II: DEVO DAR O DÍZIMO?

caridade não nos pesar ao menos um pouco, então diria
que está pequena demais.[2]

É difícil que alguém que se vê *desobrigado* de cobrir as
contas de sua comunidade e de dar apoio básico aos necessitados seja *mais* generoso. Muitas vezes, a ideia de o dízimo
ser obsoleto vem junto com um sentimento de que a *doação
não deve pesar*, uma liberação de todos os tipos de peso. De
fato, dar segundo a nossa prosperidade é uma alegria e um
ato voluntário, mas cristãos também são chamados a levar
os fardos pesados uns dos outros e, assim, cumprir a lei de
Cristo (Gl 6:2). Essa definitivamente não é uma tarefa fácil,
mas é um dever cristão. Em outras palavras, ajudar o próximo
como fez o bom samaritano pode lhe custar tempo, recursos
e dedicação, mas é o caminho do amor que o Espírito nos
conduz a viver.

Dar é essencial para se viver em comunidade. Se o dízimo
é obsoleto, e cristãos podem doar quanto quiserem, dizendo
que o importante é ter um coração generoso, como desen-
volverão o *senso comunitário* de corpo, no qual os membros
arcam com os gastos comuns para sua própria subsistência?
A culpa que obriga a dar (legalismo) pode ser tão danosa
quanto a indiferença que desobriga a dar (relativismo).
Assim, quem entende que o dízimo não é necessário deve
atentar para que seu coração não o engane, levando-o a ser
mesquinho e egoísta.

Como disse o professor Julian Spriggs: "Mesmo que não
seja nossa aliança, mesmo que não seja obrigatória aos cristãos, a lei de Moisés ainda é parte das Escrituras inspiradas e
dela podemos extrair grande sabedoria que se aplica hoje".[3]
A prática do dízimo pode ser a fonte de uma sabedoria útil
em relação a quanto e como dar. Por isso, "mesmo em igrejas em que o dízimo não é oficialmente praticado, muitas

133

DÍZIMO: O QUE MAIS IMPORTA?

pessoas adotam [os 10%] como referência pessoal em suas ofertas. Mais que um valor definido, o dízimo traz consigo uma ideia de compromisso pessoal com Deus"[4].

Se uma igreja entende que o dízimo não deve ser praticado, ela deve, ainda assim, estimular a generosidade regular e proporcional de seus membros. Como o apóstolo Paulo ensina, "cada um de vocês separe uma quantia em dinheiro, de acordo com a sua renda" (1Co 16:2). Mesmo sem uma porcentagem específica, é preciso instruir cristãos a dar conforme podem, com a consciência de que quem semear muito, colherá muito; e quem semear pouco, colherá pouco (2Co 9:6).

O pastor Lex Meyer traz uma reflexão importante sobre quanto dar: "Não sei se deveríamos chamar isso de *dízimo*, nem sei se deveríamos manter um modelo rígido de 10%, mas sei que precisamos dar aos que necessitam e às pessoas que servem no ministério que também precisam de apoio financeiro. Não digo que devemos necessariamente dar 10% para líderes em ministério, mas digo que o princípio de dar para apoiar ao ministério é bíblico".[5]

Se eu der o dízimo, devo destiná-lo todo à igreja local?

Dentre os que apoiam a prática do dízimo, há diferentes graus de flexibilidade em relação ao destino da doação. Uma pesquisa da National Association of Evangelicals [Associação Nacional de Evangélicos], dos Estados Unidos, apontou que, para 76% dos líderes evangélicos no país, não há problema em o ofertante dar parte do dízimo a outro ministério,[6] ou seja, a projetos fora da administração da igreja local.

Esse tema possui posições bem distintas:

PARTE II: DEVO DAR O DÍZIMO?

- **Nada flexível (é _preciso_ destinar os 10% referentes ao dízimo à igreja local).** Para o autor Rick Warren, o dízimo é uma doação não designada[7], ou seja, você não controla, não direciona nem determina como ela deve ser usada.[8] É entregue na casa de Deus como um ato de adoração e honra a Deus por tudo o que pertence a ele. A visão nada flexível crê que o dízimo tem o propósito de suprir as necessidades da "casa do tesouro", ou seja, da igreja local, conforme está escrito em Malaquias 3:10 (ARA). Para o pastor Augustus Nicodemus, ainda que seja errôneo considerar as igrejas atuais uma continuação do templo de Jerusalém, permanece a importância de entregar o dízimo como expressão de culto a Deus no lugar em que congregamos.[9]

- **Meio flexível (é _preferível_ destinar os 10% referentes ao dízimo à igreja local).** Philip Ryken, presidente do Wheaton College, uma prestigiada universidade evangélica norte-americana, diz que dar parte do dízimo para ministérios paraeclesiásticos é aceitável, mas dificilmente preferível. Ele diz que a igreja impactaria muito mais o mundo se "além de dar o dízimo à sua congregação local, os cristãos evangélicos dessem uma quantia equivalente — ou maior — a outros ministérios".[10] Essa visão meio flexível permite exceções, dependendo do contexto, mas, de forma geral, desestimula o doador a retirar, dos 10%, ofertas para outros fins.

- **Muito flexível (_não é preciso_ destinar os 10% referentes ao dízimo à igreja local).** A Redeemer Presbyterian Church, em Nova York, fundada pelo pastor Timothy Keller, ensina que o dízimo de 10% pode ser um guia mínimo para a generosidade,

135

DÍZIMO: O QUE MAIS IMPORTA?

mas não é necessário dar todo o valor à igreja local. Nessa posição, doar é um ato *pessoal* de adoração, e a alocação de dinheiro e tempo ao serviço de Deus deve ser resultado de oração e consulta aos cristãos com quem se caminha.[11] Essa posição mais flexível defende que o valor do dízimo deve ser direcionado para onde se mostrar mais necessário, podendo esse destino ser a igreja local ou não.

De um lado, ser *nada flexível* quanto ao destino do dízimo pode conduzir ao legalismo. Exigir minuciosamente a entrega de 10% para a igreja local pode gerar peso em vez de alegria em dar. Além disso, é preciso muita sabedoria, integridade e transparência por parte de uma igreja que ensina que o dízimo deve ser administrado totalmente pela liderança. Como ensina o apóstolo Paulo, líderes devem ter o cuidado de fazer o que é correto e evitar críticas quanto ao modo de administrar as doações (2Co 8:20-21). É dever da igreja gerir recursos de forma a que evite quaisquer críticas, sejam internas (dos membros) ou externas (da sociedade).

De outro lado, ser *muito flexível* quanto ao destino do dízimo pode levar a um relativismo destrutivo. Se a maioria dos membros direcionar suas doações para outros fins, o fluxo de caixa da comunidade poderá se reduzir, e a manutenção da igreja local poderá ficar seriamente comprometida. A intenção das pessoas pode até ser boa, como ajudar àqueles em necessidade, mas, em longo prazo, isso pode ser destrutivo para a comunidade. Além disso, pode levar o doador a flexibilizar seu comprometimento com a igreja local, deixando sua parcela de responsabilidade em cobrir gastos comunitários.

Nas palavras de John Piper, dar o dízimo para a igreja local pode ser uma boa prática, mas não deve ser uma imposição:

PARTE II: DEVO DAR O DÍZIMO?

> Como pastor, se alguém viesse até mim e dissesse: "Eu gostaria de dar o dízimo. Onde devo dar?", eu diria: "Bem, acho que é uma boa prática dizer que, considerando que esta é a sua família da fé com necessidades próprias, e que você se beneficia da igreja e partilha de sua vida com ela, começar por aqui é uma boa ideia. A partir daí, você pode dar mais aqui e mais em outros lugares". Mas eu nunca diria: "Você deve dar seu dízimo a esta igreja". Simplesmente não encontro isso na Bíblia.[12]

Ainda que não haja uma direção apostólica explícita sobre "dar 10% da renda *à igreja*", há um ensino claro sobre suprir as necessidades da família da fé, honrar os líderes e partilhar com a comunidade cristã de forma regular e fiel. A Bíblia nos exorta a não deixar de reunir-nos como igreja (Hb 10:25) e compartilhar o que temos com os santos em suas necessidades (Rm 12:13). Dar regularmente para sua igreja local, com o coração generoso e conforme sua possibilidade, é um elemento importante da vida cristã em comunidade.

Se abolir o dízimo, o que acontece com a igreja?

Ainda que haja argumentos teológicos para abolir a prática do dízimo, é importante não permitir que isso destrua a própria igreja. David Croteau menciona uma condição muito válida a ser considerada: "Um pastor somente deve difundir esse ensino [de abolir o dízimo] quando entender que o padrão de doar não será diminuído. Dar, na nova aliança, é um ato generoso que coloca todas as posses ao pé da cruz."[13] Se o padrão para dar for *menor* em uma igreja sem dízimo do que em uma com dízimo, é importante refletir sobre se os membros estão, de fato, usando a liberdade em Cristo para exercer a generosidade.

137

DÍZIMO: O QUE MAIS IMPORTA?

Outra questão em se abolir o dízimo é que, se todos os cristãos derem dinheiro unicamente para missões e ONGs, e não para a igreja local, como se manterão líderes que dedicam sua vida integralmente ao ministério? É necessário incentivar uma prática generosa que sustente e honre os servos de Deus. Conforme disse o pastor Zé Bruno: "A mesma liberdade que você tem para não entregar é a liberdade que pode matar o corpo de ser o que deve ser".[14]

Mesmo que dar o dízimo possa não ser um dever, honrar os líderes financeiramente é. Paulo diz a Timóteo, de forma muito clara, que "os presbíteros que lideram bem a igreja são dignos de dupla honra, especialmente aqueles cujo trabalho é a pregação e o ensino, pois [...] o trabalhador é digno do seu salário" (1Tm 5:17-19). Pagar o salário de um pastor que trabalha honestamente não é um *favor*, mas um *dever* (Rm 4:4). Assim, ao desobrigar a igreja do dízimo, corre-se o risco de não ter um orçamento mensal regular e, com isso, deixar de suprir as necessidades de um trabalhador. Isso seria injusto e não cristão.

Jesus disse aos discípulos, quando os enviou a anunciar o reino, para comerem e beberem do que lhes dessem, pois o trabalhador merece o seu salário (Lc 10:7). Isso não tem nada a ver com pastores que enriquecem com o dinheiro do povo, mas sim com o sustento digno de quem trabalha no ministério. A cada um deve ser dado o que lhe é devido (Rm 13:6-7). Abolir o dízimo não pode ser sinônimo de desprezar os que trabalham na igreja. Assim, se a igreja optar por ensinar que o dízimo é uma prática obsoleta, que o faça com transparência e encorajando a generosidade, responsabilidade e justiça de sua família de fé.

De outro lado, é essencial reforçar que não há castigos da lei que se apliquem a cristãos. Ainda que a igreja ensine que o dízimo é uma prática positiva, ela não deve promover uma lógica legalista de medo e culpa para quem não doa, tampouco uma lógica de recompensa meritocrática para quem doa. Ela não deve usar da exploração emocional para estimular a generosidade, mas

PARTE II: DEVO DAR O DÍZIMO?

apontar para a atitude de Cristo, que se doou por amor. Ela não deve permitir que o ensino do dízimo se torne um padrão muito baixo para os mais ricos com grandes patrimônios e um fardo pesado e injusto para os mais vulneráveis que têm pouco para viver.

Um conceito prático interessante é o de *doação escalonada*[15] de Craig Blomberg, autor de *Nem riqueza nem pobreza*. Quanto mais dinheiro a pessoa ganha, maior a porcentagem de doação esperada. Para implementar os princípios de justiça e equidade ensinados por Paulo (2Co 8:13-15), não se precisa de uma porcentagem fixa, mas de uma proporção relativa. Nas palavras de Blomberg, "uma 'taxa fixa' de 10% para todos os frequentadores de igrejas levaria a uma grande desigualdade entre os muito ricos e os muito pobres".[16] O propósito da equidade não é todos terem a mesma quantidade de bens, mas diminuir a lacuna entre ricos e pobres no corpo de Cristo, de modo que ninguém passe necessidade. Assim, a prática da doação regular poderia ser considerada junto com outros princípios bíblicos relevantes que ensinam a doação justa, como o ano de cancelamento de dívidas (Dt 15:1-18) e o ano do jubileu (Lv 25).

Por fim, independentemente de uma igreja abolir ou praticar o dízimo, a generosidade deve sempre ser encorajada. A prática da doação generosa deve começar por quem lidera e ensina, até se tornar uma prática disseminada e regular em toda a comunidade. O próprio Craig Blomberg relata que foi aumentando gradativamente sua contribuição pessoal até chegar a 30% de sua renda mensal familiar. Essa é a melhor forma de ensinar sobre generosidade: praticando a generosidade.

Como administrar os recursos da igreja?

Hoje, muitos cristãos têm receio de dizimar ou doar regularmente na igreja por não saberem com o que se gasta o dinheiro, ou se é administrado corretamente. A resposta de

DÍZIMO: O QUE MAIS IMPORTA?

líderes normalmente é que "O importante é *dar para Deus*", sem informar o que será feito com o recurso financeiro. Ao longo da história da igreja, tem sido comumente aceito que "a distribuição dos dízimos na igreja não deve estar sob o controle do doador".[17] Como vemos no caso das ofertas entregues aos pés dos apóstolos (At 4:35), os líderes tinham o dever de distribuir os recursos aos necessitados e manter a igreja com sabedoria.

É uma grande responsabilidade administrar os recursos de uma comunidade cristã. Para auxiliar os líderes nesse desafio, sugiro quatro propósitos para a gestão do dízimo (ou de doações regulares) nas igrejas.[18] Cada líder pode avaliar junto com sua comunidade e conselho, de forma transparente e considerando as necessidades locais, qual porcentagem da renda da igreja será destinada a cada uma destas categorias:

1. **Mantimento** (inspirado no dízimo aos levitas): tem o objetivo de suprir as necessidades dos líderes e servos da igreja. A Bíblia diz que quem trabalha com a pregação e o ensino é digno de seu salário (1Tm 5:17-18), desde que lidere bem a igreja, com integridade e sem querer enriquecer às custas da comunidade (Tt 1:6-9).

2. **Comunidade** (inspirado no dízimo para as festas): tem o objetivo de manter um espaço da congregação e financiar atividades comunitárias. Parte dos recursos da igreja deve ser usada para que todos cultuem a Deus conjuntamente, sem excluir os que não têm condições.

3. **Justiça** (inspirado no dízimo aos pobres): tem o objetivo de ajudar pessoas necessitadas e tirá-las da miséria (Sl 107:41). A igreja deve suprir e capacitar os mais carentes, especialmente os que fazem parte da comunidade de fé (Gl 6:9-10). Ela deve destinar recursos para projetos de assistência, desenvolvimento e transformação social, visando a uma oportunidade de vida digna para todos.

140

PARTE II: DEVO DAR O DÍZIMO?

4. Missões (inspirado na grande comissão): tem o objetivo de apoiar financeiramente a obra missionária, a evangelização e a expansão do cristianismo. A igreja deve possuir orçamento para ofertar a missionários, traduzir a Bíblia, plantar igrejas, alcançar povos distantes, criar projetos relevantes e expandir a fé cristã de forma positiva na sociedade.

Qualquer igreja pode criar um planejamento financeiro, designando metas e porcentagens para cada um desses pontos. Para a igreja brasileira, vale uma reflexão: quanto de *estrutura* é preciso para viver em comunidade, alcançar os necessitados e pregar o evangelho? A prioridade e os valores dedicados a cada categoria devem ser estabelecidos em oração, jejum, adoração e busca a Deus, conforme o exemplo da igreja de Antioquia (At 13:1-2).

Por fim, uma gestão íntegra, transparente e justa dos recursos da igreja é algo bíblico e extremamente necessário. No livro "A graça de contribuir", de John Stott, há uma parte toda dedicada a tratar de "O dom da prestação de contas", escrito por Chris Wright. O autor ensina princípios valiosos de gestão financeira para igrejas. Por exemplo, Paulo, mesmo tendo a autoridade de um apóstolo, decidiu delegar a responsabilidade da oferta aos pobres da Judeia a Tito e a um irmão "recomendado por todas as igrejas" (2Co 8:18), para que essa doação estivesse acima de qualquer suspeita. Como o autor bem diz, "onde há dinheiro, há tentação"[19].

Paulo ensina que é preciso administrar recursos buscando evitar todo tipo possível de críticas: "temos procurado fazer o que é correto, não apenas aos olhos do Senhor, mas também aos olhos dos homens" (2Co 8:21). No Brasil, as fortunas acumuladas por pastores através da imposição do dízimo são razão de escândalo e de aversão a muitos à fé cristã.[20] É certo que Deus ama a quem dá com alegria; mas ele também ama quem administra com sabedoria.

141

DÍZIMO: O QUE MAIS IMPORTA?

Notas

1 David A. Croteau, *A Biblical and Theological Analysis of Tithing*, p. 266.

2 C. S. Lewis, *Cristianismo puro e simples*, p. 125.

3 Julian Spriggs, What Does the Law of Moses Teach About Tithing?. Disponível em: https://www.julianspriggs.co.uk/pages/Tithing. Acesso em: 9 fev. 2024.

4 Dietrich Bauer, *Histórias de dinheiro da Bíblia* (Barueri: Sociedade Bíblica do Brasil, 2015), ed. digital.

5 UNLEARN THE LIES. Should Christians Tithe? YouTube, 2020. Disponível em: https://www.youtube.com/watch?v=Q6I1axWcZ_M. Acesso em: 9 fev. 2024.

6 Sarah Eekhoff Zylstra, Your Tithe Doesn't Have to Go to Your Church, Most Leaders Say, *Christianity Today*, 2017. Disponível em: https://www.christianitytoday.com/news/2017/september/your-split-tithe-doesnt-have-to-go-to-church-ministries.html. Acesso em: 9 fev. 2024.

7 PASTOR RICK. "God's Promises About Giving" with P Rick Warren. YouTube, 2019. Disponível em: https://www.youtube.com/watch?v=DKvNU-ycC08. Acesso em: 9 fev. 2024.

8 PASTOR RICK. What Kind of Giving Is Worship? 2018. Disponível em: https://pastorrick.com/what-kind-of-giving-is-worship/. Acesso em: 9 fev. 2024.

9 Augustus Nicodemus, *O que a Bíblia fala sobre dinheiro* (São Paulo: Mundo Cristão, 2021), p. 90.

10 Tithe Need Not Only Go to Local Church. National Association of Evangelicals, 2017. Disponível em: https://www.nae.org/tithe-need-not-go-local-church/. Acesso em: 9 fev. 2024.

11 REDEEMER PRESBYTERIAN CHURCH. Stewardship and other resources. Disponível em: https://www.redeemer.com/generosity/stewardship. Acesso em: 9 fev. 2024.

12 John Piper, Should All of My Tithe Go to the Local Church?, *Desiring God*, 2008. Disponível em: https://www.desiringgod.org/interviews/should-all-of-my-tithe-go-to-the-local-church. Acesso em: 9 fev. 2024.

13 David A. Croteau, *A Biblical and Theological Analysis of Tithing*, p. 273.

14 A CASA DA ROCHA. Dízimo | parte 3/3: a igreja que dá. Youtube, 2016. Disponível em: https://www.youtube.com/watch?v=jxQiwAVwiVg. Acesso em: 9 fev. 2024.

15 Em inglês, "graduated tithing". Traduzi por "doação escalonada" em vez de "dízimo escalonado", pois o autor aparentemente não defende que 10% é o padrão mínimo, assim considerando o dízimo uma prática obsoleta.

16 Craig Blomberg, *Neither Poverty nor Riches*.

17 Frase de Bonifácio, o Apóstolo dos Germanos (675-754). Apud Giles Constable, *Monastic Tithes*: From Their Origins to the Twelfth Century (Londres: Cambridge University Press, 1964), p. 27.

18 Conforme Dom Edson Oriolo, o dízimo tem quatro fins: suprir os líderes, celebrar, partilhar e evangelizar. *Dízimo*: pastoral e administração.

19 John Stott & Chris Wright, A Graça de Contribuir: O Dinheiro e o Evangelho. (São Paulo: Editora Vida, 2018), p. 71.

20 Sophia Gonçalves Villanueva, Edir Macedo, Valdemiro Santiago e R. R. Soares: patrimônio absurdo dos maiores pastores do Brasil são vazados, *TV Foco*, 2021. Disponível em: https://www.otvfoco.com.br/edir-macedo-valdemiro-santiago-e-r-r-soares-patrimonio-sao-vazados. Acesso em: 9 fev. 2024.

Parte III
O que mais importa?

O que mais importa não é dar ou não dar o dízimo. É possível viver de forma a glorificar a Deus sem dar o dízimo, assim como é possível viver de forma egoísta, interesseira ou descompromissada dando o dízimo. É possível dar o dízimo e ser injusto. É possível não dar o dízimo e ser mesquinho. Ou seja, se a resposta a "Devo dar o dízimo?" for apenas uma questão de *sim* ou *não*, ela será incompleta, pois o foco deixará de estar naquilo que mais importa.

E o que mais importa?

Jesus disse o que mais importa: "[Vocês] têm negligenciado os preceitos *mais importantes* da lei: a justiça, a misericórdia e a fidelidade" (Mt 23:23) e "o amor" (Lc 11:42).

Após refletir sobre como lidaria com o tema do dízimo em minha vida pessoal, cheguei a esta conclusão: *Isso não é o que mais importa*. A despeito da visão adotada, há algo superior e mais importante: não negligenciar o amor, a justiça e a fidelidade e renunciar à própria vida por Jesus.

Esse é o caminho superior ensinado por Jesus e os apóstolos. Ao reler as passagens do Novo Testamento que falam sobre dar e ofertar recursos, compilei uma série de orientações que representam o que mais importa na doação cristã:

- **Dar com amor**: de forma voluntária, generosa, alegre e sacrificial.

PARTE III: O QUE MAIS IMPORTA?

- **Dar com justiça**: de forma proporcional, responsável, honrosa e equitativa.
- **Dar com fidelidade**: de forma sistemática, confiável e íntegra.

Dar	com amor,	justiça	e fidelidade
ato de entrega	voluntário, generoso, alegre e sacrificial	proporcional, responsável, honroso e equitativo	sistemático, confiável e íntegro
[o que é]	*[como]*		

Dar com amor

O amor é o maior mandamento. A palavra grega *agapē* refere-se à mais alta expressão de amor, a que reflete o coração de Deus. Não há dúvida alguma de que cristãos, por essência, devem dar. Dar é a revelação de Cristo. Antes que o mundo fosse criado, o Cordeiro de Deus foi *dado* como sacrifício (Ap 13:8). Deus amou o mundo de tal maneira que *deu* o seu Filho (Jo 3:16). Dar é uma expressão de amor.

Entretanto, é possível dar sem amar.[1] O amor deve preceder a doação, e não o contrário: "Eu dou porque amo", e não "Eu amo porque dou". Dar é importante, mas se não for guiado pelo amor, pode perder seu propósito. Como disse o apóstolo Paulo, ainda que eu dê aos pobres tudo o que possuo, se não tiver amor, nada disso me valerá (1Co 13:3). É possível ser dizimista, mas dar sem amor. É possível cumprir um dever, ser louvado pelas pessoas e até mesmo causar grande impacto com sua doação, e não fazê-lo com amor.

Dar com amor não significa sempre ajudar qualquer um que aparecer; significa colocar o amor como pré-condição que define o ato de doar. Em certas ocasiões, amar pode significar *não dar*, ao saber que a doação será mal utilizada, ou *emprestar*, para ensinar uma lição de responsabilidade. Dar não é a lei superior da vida cristã; amar é. O amor é o fundamento para toda doação cristã. *Porque Deus amou o mundo*, ele deu. Cabe a nós seguir essa mesma sequência.

Se você dizima, não é preciso deixar de fazê-lo, pois o dízimo é uma forma de dar. Mas que a base de sua doação

PARTE III: O QUE MAIS IMPORTA?

seja o amor, e não o medo ou o interesse. Por outro lado, se você não dizima, não creio que seja obrigado a praticá-lo para cumprir a lei de Cristo. Que o amor seja a base de sua doação. Considero que Deus tem prazer em ver o nosso compromisso e nossa alegria em dar o que temos, seja moedas, seja milhões, seja tempo, seja serviço. É o amor a Deus e ao próximo que nos conduzirá a uma vida generosa, não o cumprimento de regras passíveis de castigo.

É preciso mudar a a ordem de prioridade entre o dízimo e o amor. Não devemos dar o dízimo achando que amamos a Deus por causa do cumprimento desse requisito; mas amar a Deus antes, e esse amor nos conduzir a quanto entregaremos para o reino de Deus. O amor é essencial; o dízimo é não essencial. O amor precede o dever; o dever não precede o amor. Será que estamos invertendo a ordem e priorizando mais o que não é essencial?

Deus ama a quem dá com *alegria*, pois a alegria reflete a sinceridade do coração que ama. Deus abençoa quem dá com *generosidade*, pois a generosidade reflete a imensidão do coração que ama. Deus se alegra com quem dá *voluntariamente*, pois a livre vontade reflete a disposição do coração que ama. Deus se agrada de quem dá *sacrificialmente*, pois o sacrifício espelha um coração que ama. Em outras palavras, Deus ama a quem dá com amor.

O cristianismo, afinal, se resume a amar. Jesus falou que faltava amor aos fariseus. Será que esse amor tem faltado a nós, igreja brasileira?

AUTOAVALIAÇÃO

Você doa com amor, de forma voluntária, generosa, alegre e sacrificial? Reflita sobre sua vida e quanto tem dado, com amor, em termos de dinheiro, recursos, tempo e serviço. Peça para Deus revelar as intenções do seu coração e, então, avalie esses princípios com os seguintes critérios:

149

DÍZIMO: O QUE MAIS IMPORTA?

★☆☆ : preciso melhorar
★★☆ : posso melhorar
★★★ : tenho feito isso

- **Voluntariedade**: Eu doo conforme determino no coração, por iniciativa própria e com prontidão, não de maneira obrigatória ou com peso. ☆☆☆
  - Cada um contribua conforme determinou no coração, não com pesar nem por obrigação, pois Deus ama a quem dá com alegria (2Co 9:7).
  - Por iniciativa própria, eles nos suplicaram insistentemente o privilégio de participar da assistência aos santos (2Co 8:3-4).
  - Porque, se há prontidão, a contribuição é aceitável de acordo com aquilo que alguém tem, não de acordo com o que não tem (2Co 8:12).

- **Generosidade**: Eu doo com liberalidade, fartura e disposição, não de maneira mesquinha, sob uma lógica de dar apenas o *mínimo* necessário. ☆☆☆
  - Vocês serão enriquecidos de todas as formas, para que possam ser generosos em qualquer ocasião e, por nosso intermédio, a sua generosidade resulte em ação de graças a Deus (2Co 9:11).
  - No meio da mais severa tribulação, a grande alegria e a extrema pobreza deles transbordaram em rica generosidade (2Co 8:2).
  - Aquele que semeia com moderação também colherá moderadamente, e aquele que semeia com fartura também colherá fartamente (2Co 9:6).
  - Ordene-lhes que pratiquem o bem, sejam ricos em boas obras, generosos e prontos a repartir (1Tm 6:18).

- **Alegria**: Eu doo com felicidade, compaixão e sinceridade de coração, não com relutância, medo ou dúvida. ☆☆☆

PARTE III: O QUE MAIS IMPORTA?

- Cada um contribua conforme determinou no coração, não com pesar nem por obrigação, pois <u>Deus ama a quem dá com alegria</u> (2Co 9:7).
- Em tudo o que fiz, mostrei a vocês que é preciso trabalhar arduamente para ajudar os que estão em necessidade, lembrando as palavras do próprio Senhor Jesus, que disse: "<u>Mais bem-aventurada coisa é dar</u> do que receber" (At 20:35).
- Não digo isso como mandamento, mas quero verificar a <u>sinceridade do amor</u> de vocês (2Co 8:8).

- **Sacrifício**: Eu doo com renúncia e abnegação, não com desejo de recompensa ou reconhecimento. ☆☆☆
  - Recebi tudo, e o que tenho é mais que suficiente. Estou amplamente suprido, agora que recebi de Epafrodito os donativos que vocês enviaram. São uma oferta de aroma suave, <u>um sacrifício aceitável e agradável</u> a Deus (Fp 4:18).
  - – Em verdade lhes digo que esta viúva pobre colocou mais do que todos os outros. Todos esses deram do que lhes sobrava, mas ela, da sua pobreza, <u>deu tudo o que possuía</u> para viver (Lc 21:3-4).
  - – Entretanto, quando você cuidar dos necessitados, que a sua mão esquerda não saiba o que está fazendo a mão direita, de forma que você <u>preste ajuda em secreto</u>. E o seu Pai, que vê o que é feito em secreto, o recompensará (Mt 6:3-4).

Considero que tenho doado com amor, de forma voluntária, generosa, alegre e sacrificial. ☆☆☆

Nota

1 Amy Carmichael apud Matheus Ortega, *Economia do Reino*, p. 142. "É possível dar sem amar, mas é impossível amar sem dar."

Dar com
justiça

"Justiça" (em grego, *krisis*) é saber distinguir entre certo e errado. É justo que líderes cristãos recebam regularmente seus salários. É justo que a comunidade tenha um espaço para celebrar conjuntamente a Deus. É justo que órfãos, viúvas e necessitados sejam sustentados por aqueles que têm condições financeiras melhores. É justo que missionários recebam um sustento digno. Essa é a justiça que fala à nossa consciência. Não podemos fechar os olhos às necessidades de manter a igreja, nem dos que nos cercam.

É possível dar o dízimo, mas faltar em justiça. "Em um mundo em que os recursos são distribuídos de forma tão desigual, cristãos ricos não devem se contentar apenas em dar o dízimo."[1] Dar 10% da renda pode ser fácil para o rico e difícil para o pobre, além de não contribuir para mudar a injustiça sistêmica em meio à qual vivemos. No fim, o dízimo pode se tornar uma mera forma de aliviar a consciência de quem tem como dar mais e de colocar peso sobre quem não tem.

Deus instituiu o dízimo, na lei, como um sistema de ajuda social aos desfavorecidos. Os judeus seguem essa compreensão até hoje, praticando o dízimo como caridade. Eles entendem que "aquele que mal tem o suficiente para suprir suas necessidades não é obrigado a dar, pois sua própria subsistência tem precedência sobre a de outro".[2] No Antigo Testamento, o sistema de dízimos era claramente para *ajudar*

PARTE III: O QUE MAIS IMPORTA?

os pobres. Como pode, hoje em dia, o dízimo ser usado para *oprimir tantos pobres*?[3]

Dar parte do recurso da igreja aos pobres, ao invés de exigir deles, é uma prática bíblica e cristã que precisa ser resgatada no Brasil. O teólogo metodista Adam Clarke (1762-1836) disse que, embora a lei do dízimo no Antigo Testamento fosse justa, a aplicação do dízimo, na Inglaterra de sua época, era *injusta*: "Se o sistema do dízimo precisar ser continuado, que o pagamento feito pelos pobres seja abolido, e que o clero use o dízimo para apoiar os pobres em suas respectivas igrejas, como era o costume antigo."[4] Essa injustiça é ainda mais evidente no Brasil, onde milhões de pessoas passam fome.

Se o dízimo *pesa* no orçamento de uma mãe desempregada, viúva e com filhos para alimentar, o dever da comunidade cristã é ampará-la em suas necessidades, e não exigir dela o dízimo. Assim, a vida econômica da comunidade da qual ela faz parte se tornará mais justa. Como Paulo disse, convém que todos contribuam (2Co 8:10), mas o propósito da contribuição não é que uns sejam sobrecarregados, e sim promover a equidade (v. 13). O conceito de doação deve ser o mesmo que o do maná: "quem havia recolhido muito não teve demais, e ao que havia recolhido pouco nada faltou" (Êx 16:18). O maná é um modelo comunitário equitativo, no qual todos obtêm o quanto necessitam. Não seria esse um bom modelo bíblico de doação para inspirar a igreja brasileira?

O pastor Geison Vasconcellos, da Igreja Anglicana Zona Norte de Recife, me contou uma história inspiradora. Durante os primeiros meses da pandemia da Covid-19, ele usou a receita regular da igreja para ajudar membros desempregados e necessitados. O dinheiro da igreja foi usado para pagar as contas dos que mais precisavam. Isso foi tão impactante para a comunidade que a arrecadação naqueles meses aumentou na mesma proporção que a igreja ajudava os mais necessitados.

DÍZIMO: O QUE MAIS IMPORTA?

No *Africa Bible Commentary* [Comentário bíblico africano], há um ensino relevante sobre dar com justiça. Devemos dar na proporção em que Deus nos abençoou (1Co 16:1-2). Isso significa que os que foram ricamente abençoados poderão dar muito mais do que apenas um décimo, e quem não tem condições poderá ser ajudado por eles. Assim, deveríamos "incentivar os fiéis [com condições] a darem mais, e não colocar um fardo de culpa sobre aqueles que, por algum tempo e por uma boa razão, não podem dar."[5]

O dízimo tinha o propósito de promover justiça. Jesus falou que faltava justiça aos fariseus. Será que essa justiça tem faltado a nós, igreja brasileira?

AUTOAVALIAÇÃO

Você doa com justiça, de forma proporcional, honrosa, responsável e equitativa? Reflita sobre sua vida e quanto você tem dado, com justiça, em termos de dinheiro, recursos, tempo e serviço. Peça a Deus que revele as intenções do seu coração e, então, avalie esses princípios com os seguintes critérios:

★☆☆ : preciso melhorar
★★☆ : posso melhorar
★★★ : tenho feito isso

- **Proporcionalidade**: Eu doo conforme o que possuo, de acordo com a minha prosperidade, sem sobrecarregar a mim mesmo ou a outros.[6] ☆☆☆
  - Agora, completem a obra, para que o forte desejo de realizá-la seja igualado pela disposição em concluí-la, de acordo com o que possuem (2Co 8:11).

PARTE III: O QUE MAIS IMPORTA?

- No primeiro dia da semana, cada um de vocês separe uma quantia em dinheiro, de acordo com a sua renda, reservando-a para que não seja preciso fazer coletas quando eu chegar (1Co 16:2).
- Se alguma mulher crente tem viúvas na família, deve ajudá-las. Não seja a igreja sobrecarregada com elas,[7] a fim de que as viúvas realmente necessitadas sejam auxiliadas (1Tm 5:16).

- **Responsabilidade**: Eu doo com mordomia, diligência e integridade, sem gerar problemas a mim mesmo ou a outros. ☆☆☆
    - Trate adequadamente as viúvas que são realmente necessitadas (1Tm 5:3).
    - Se alguém não cuida dos seus parentes, especialmente dos da própria família, negou a fé e é pior que um descrente (1Tm 5:8).
    - Queremos evitar que alguém nos critique quanto ao nosso modo de administrar essa generosa oferta, pois temos procurado fazer o que é correto, não apenas aos olhos do Senhor, mas também aos olhos dos homens (2Co 8:20-21).

- **Honra**: Eu doo para dignificar os que vivem do evangelho e lideram a igreja, sem desconsiderar quem merece e quem precisa. ☆☆☆
    - Vocês não sabem que aqueles que trabalham no templo alimentam-se das coisas do templo, e que os que servem diante do altar participam do que é oferecido no altar? Da mesma forma, o Senhor ordenou àqueles que pregam o evangelho que vivam do evangelho (1Co 9:13-14).
    - Os presbíteros que lideram bem a igreja são dignos de dupla honra, especialmente aqueles cujo trabalho é a

157

DÍZIMO: O QUE MAIS IMPORTA?

pregação e o ensino, pois a Escritura diz: "Não amordace o boi enquanto estiver debulhando o cereal" e "o trabalhador é digno do seu salário" (1Tm 5:17-18).

- O Senhor designou outros setenta e dois e os enviou dois a dois, adiante dele, a todas as cidades e lugares para onde ele estava prestes a ir. E lhes disse: "[...] comam e bebam o que lhes derem, pois o trabalhador merece o seu salário (Lc 10:1-7).

- **Equidade**: Eu doo visando à equidade, para que minha fartura supra a necessidade de outros, sem acumular apenas para mim. ☆☆☆
  - Não se trata de que outros sejam aliviados enquanto vocês são afligidos, mas que haja igualdade.[8] No presente momento, a fartura de vocês suprirá a necessidade deles, para que, por sua vez, a fartura deles supra a necessidade de vocês. Então, haverá igualdade (2Co 8:13-14).
  - Se alguém tiver recursos materiais, vir o seu irmão em necessidade e não se compadecer dele, como pode permanecer nele o amor de Deus? (1Jo 3:17).
  - Somente pediram que nos lembrássemos dos pobres, o que fui diligente em fazer (Gl 2:10).

Considero que tenho doado com justiça, de forma proporcional, responsável, honrosa e equitativa. ☆☆☆

PARTE III: O QUE MAIS IMPORTA?

Notas

1 Stuart Murray, *Beyond Tithing*, p. 35.

2 Asher Meir, The Jewish Ethicist: Charity from the Poor, *Aish*, Disponível em: https://aish.com/48956156/. Acesso em: 9 fev. 2024.

3 Frank Viola, *Pagan Christianity*: Exploring the Roots of Our Church Practices (Carol Stream: Tyndale House, 2008), ed. digital. Nas palavras de Frank Viola, "O dízimo obrigatório é igual à opressão contra os pobres. Não poucos cristãos pobres foram lançados de cabeça em uma pobreza ainda maior porque lhes foi dito que, se não dessem o dízimo, estariam roubando a Deus. Quando o dízimo é ensinado como uma ordem de Deus, os cristãos que mal conseguem pagar as contas são levados a uma pobreza ainda maior. Dessa forma, o dízimo evita que o evangelho seja 'boas novas para os pobres'. Em vez de ser uma boa notícia, ele se torna um fardo pesado. Em vez de liberdade, ele se torna opressão. Estamos tão acostumados a esquecer que o dízimo original que Deus estabeleceu para Israel era para beneficiar os pobres, não para prejudicá-los!"

4 David Croteau, *You Mean I Don't Have to Tithe?*, p. 41.

5 Tokunboh Adeyemo (ed), *Africa Bible Commentary* (Grand Rapids: Zondervan, 2010), ed. digital.

6 Do grego *euodoó*: "prosperidade, conforme for bem-sucedido". A palavra não tem o sentido de "renda", como traduzido pela NVI ("de acordo com sua renda"), mas de "prosperidade, sucesso".

7 Do grego *bareó*: "peso, sobrecarga, difícil". Às vezes, dar pode gerar sobrecarga, por isso o princípio da proporcionalidade é importante, a fim de que quem tem supra quem não tem.

8 Do grego *isotés*: "igualdade em tratamento, equidade, equilíbrio, o que é justo e razoável". A palavra não tem sentido de igualdade material, ou seja, todos terem a mesma quantia de recursos materiais, mas de proporcionalidade e equilíbrio no tratamento mútuo.

Dar com fidelidade

Fidelidade (do grego antigo *pistis*) é o caráter de quem é confiável. Ela é fruto do Espírito (Gl 5:22-23), portanto não é uma qualidade humana, mas uma característica divina. Deus fala e não deixa de agir; ele promete e não deixa de cumprir (Nm 23:19). Ele é imutável em sua fidelidade. Sendo Deus assim, o cristão deve espelhar essa característica. Em termos de doação, isso significa compartilhar e servir com regularidade e de forma sistemática, partilhando das responsabilidades de sua família, igreja, comunidade e do reino.

O termo *pistis* era também usado no sentido de *garantia*,[1] ou seja, aquilo que assegura o cumprimento de algo. Desse modo, podemos entender que dar com fidelidade é uma demonstração prática e responsável de um caráter que cumpre o que se determinou a fazer. É ser constante e exercitar-se na generosidade durante as diferentes fases e desafios da vida. É ser alguém de palavra, cujo "sim" é "sim" e o "não" é "não" (Mt 5:37).

Fixar momentos e quantias específicas para arrecadar doações pode ajudar o doador a fazê-lo de forma regular e sistemática. Foi assim que o apóstolo Paulo instruiu os coríntios na coleta aos pobres da Judeia: "No primeiro dia da semana, cada um de vocês separe uma quantia em dinheiro, de acordo com a sua renda" (1Co 16:1-2). Dar com fidelidade é uma prática regular, que traz benefícios para o doador, como desprender-se das posses e não querer sempre mais para si.

PARTE III: O QUE MAIS IMPORTA?

A doação fiel também beneficia o reino de Deus, contribuindo na administração dos gastos fixos da comunidade cristã; permitindo a gestão e o investimento em missões, projetos e pessoas; honrando os líderes que dedicam sua vida ao ensino e ao serviço.

O contrário de dar com fidelidade é ser negligente, dando com irregularidade ou deixando de dar. Neemias usou essa palavra quando restabeleceu o dízimo para suprir as necessidades dos levitas: "Não negligenciaremos o templo de nosso Deus" (Ne 10:37-39). Fidelidade é ser responsável diante da vida e praticar o amor e a justiça de forma constante. É se propor a ter um caráter confiável. É fazer como Paulo, que se dispôs a servir aos irmãos e, ao mesmo tempo, trabalhou arduamente para não ser pesado a ninguém (2Ts 3:8-9).

Dar com fidelidade é não negligenciar a missão da igreja no mundo, como fizeram os cristãos em Acaia, que estavam prontos a contribuir e cuja dedicação na obra de Deus motivou muitos outros (2Co 9:2). Ou como os cristãos macedônios, que, mesmo em meio a dificuldades financeiras, suplicaram insistentemente pelo privilégio de participar da oferta aos pobres da Judeia (2Co 8:1-5). Ou ainda como a igreja de Filipos, que foi a única que se dispôs a auxiliar Paulo financeiramente quando ele passou necessidade (Fp 4:15-16).

O dízimo na lei falava de fidelidade em suprir os levitas, a comunidade e os pobres. Jesus falou que faltava fidelidade aos fariseus. Será que essa fidelidade tem faltado a nós, igreja brasileira?

AUTOAVALIAÇÃO

Você doa com fidelidade, de forma sistemática, confiável e íntegra? Reflita sobre sua própria vida e quanto tem dado, com fidelidade, em termos de dinheiro, recursos, tempo e serviço. Peça a Deus que revele as intenções do seu coração e, então, avalie esses princípios com os seguintes critérios:

DÍZIMO: O QUE MAIS IMPORTA?

★☆☆ : preciso melhorar
★★☆ : posso melhorar
★★★ : tenho feito isso

- **Sistemática**: Eu doo com regularidade, planejamento e intencionalidade, sem negligenciar a obra de Deus. ☆☆☆

  - Quanto à coleta para os santos, façam como ordenei às igrejas da Galácia. No primeiro dia da semana, cada um de vocês separe uma quantia em dinheiro, de acordo com a sua renda (1Co 16:1-2).
  - Este é o meu parecer: convém que vocês contribuam. No ano passado, vocês foram os primeiros não somente a contribuir, mas também a ter esse desejo (2Co 8:10).

- **Confiabilidade**: Eu doo com dedicação e disponibilidade, sem ser inconstante, irresponsável ou um peso para os outros. ☆☆☆

  - Reconheço a sua disposição em ajudar e já mostrei aos macedônios o orgulho que tenho de vocês, dizendo-lhes que, desde o ano passado, vocês da Acaia estavam prontos a contribuir. A dedicação de vocês motivou muitos (2Co 9:2).
  - Quando estive entre vocês e passei por alguma necessidade, não fui um peso para ninguém, pois os irmãos, quando vieram da Macedônia, supriram aquilo de que eu necessitava. Fiz tudo para não ser pesado a vocês e continuarei a agir assim (2Co 11:9).

- **Integridade**: Eu doo com retidão perante Deus e com o coração livre de problemas com o próximo, sem falsidade nem interesse. ☆☆☆

PARTE III: O QUE MAIS IMPORTA?

- Você pensa que pode comprar o dom de Deus com dinheiro? Você não tem parte nem direito algum neste ministério, porque o seu coração <u>não é reto diante de Deus</u> (At 8:20-21).
- Portanto, se você estiver apresentando sua oferta diante do altar e ali se lembrar de que o seu irmão tem algo contra você, deixe a sua oferta ali, diante do altar, e <u>vá primeiro reconciliar-se</u> com o seu irmão; depois, volte e apresente a sua oferta (Mt 5:23-24).
- Então, Pedro perguntou: – Ananias, como Satanás encheu o seu coração para <u>mentir ao Espírito Santo e guardar para você uma parte</u> do dinheiro que recebeu pela propriedade?" (At 5:3).

Considero que tenho doado com fidelidade, de forma sistemática, confiável e íntegra. ☆☆☆

Nota

1 Entrada *pistis*, Strong's Concordance, *Bible Hub*. Disponível em: https://biblehub.com/greek/4102.htm. Acesso em: 25 out. 2023.

O que mais importa?

O que mais importa não é o ato de dar em si, no sentido de seguir uma *regra*, mas *por que* dar, no sentido de ter um propósito. Recursos materiais existem como meio para um fim: suprir necessidades e dar frutos eternos. O dinheiro em si é neutro; ele é uma ferramenta nas mãos das pessoas. Mas o que fazemos com ele define quem norteia nossa vida: Deus ou nós mesmos.

Quando se trata de doações, o propósito inicial é suprir necessidades. Idealmente, cristãos são encorajados a "cuidar dos seus próprios negócios e trabalhar com as próprias mãos, a fim de que não dependam de ninguém" (1Ts 4:11-12), "para que tenham o que repartir com quem estiver em necessidade" (Ef 4:28). Somos chamados a trabalhar honestamente e cuidar dos interesses dos outros (Fp 2:4) para, dessa forma, cumprir a lei de Cristo (Gl 6:20).

Os primeiros cristãos seguiam esse ensino distribuindo os recursos que tinham "a cada um conforme a sua necessidade" (At 2:45). Isso não significa que viviam uma total igualdade em recursos, ou uma espécie de comunismo sem propriedade privada. Eles entendiam que era preciso repartir com quem "precisar de roupas e do alimento de cada dia" (Tg 2:14-17) para que sua fé não fosse morta. Eles também consideravam e apoiavam financeiramente os líderes, "que se esforçam no trabalho entre vocês, que os lideram no

PARTE III: O QUE MAIS IMPORTA?

Senhor e que os admoestam" (1Ts 5:12). Ou seja, a doação tinha um fim de suprir necessidades materiais, fossem elas particulares, fossem coletivas.

O outro propósito de doar recursos terrenos é dar frutos eternos. Jesus disse que nossa luz deve brilhar diante dos homens para que eles vejam nossas boas obras e glorifiquem a Deus (Mt 5:16; 1Pe 2:12). Isso significa ser generoso, fazer justiça aos necessitados e investir em pessoas, dando-lhes dignidade, oportunidade e esperança. Este foi o conselho de Jesus: "Usem a riqueza deste mundo ímpio para ganhar amigos, de forma que, quando ela acabar, estes os recebam nas moradas eternas" (Lc 16:9). A preciosa lição dessas palavras é que riqueza é finita, mas pessoas são eternas. Por isso, devemos usar bens para ganhar amigos, não usar pessoas para ganhar bens.

A realidade é que, hoje, muitas igrejas brasileiras priorizam o ensino da *quantidade* e do *destino* na doação, e não a *motivação* de doar e o *propósito* com o qual se doa. Como eu disse no início deste livro, o dízimo é usualmente compreendido como:

dar	a décima parte da renda	à igreja
[o que é]	[quanto]	[para quem]

Contudo, creio que, no cristianismo, mais importante do que *quanto* e *para quem*, é *como* (motivação) e *por que* (propósito). Para Jesus, mais importante do que as grandes ofertas dos homens ricos (*quanto*) foi o coração da viúva pobre (*como*). Mais crucial do que a oferta de Ananias e Safira, depositada aos pés dos apóstolos (*para quem*) foi a razão pela qual eles deram (*por que*). Por isso, o que mais importa não é cumprir regras que estabelecem quantidades fixas e lugares fixos de doação, mas doar com motivação e propósito certos.

Dar	com amor,	justiça	e fidelidade	para suprir necessidades e dar frutos eternos.
[o que é]	[como]			[por que]

Se o seu foco estiver apenas em *quanto* você dá, nos valores em si, você pode fazê-lo com rancor, medo, dúvida, chateação, mágoa, interesse ou barganha, e, mesmo assim, cumprir seu objetivo. Você pode pensar: "Dei 10% este mês, está tudo certo. Não estou sob maldição e ainda posso fazer prova de Deus para que ele me faça prosperar."

Se o seu foco estiver em *para quem* você dá, no local de destinação, você pode fazê-lo no piloto automático, sem se envolver, sem saber o que é feito com aquele recurso, e, mesmo assim, sentir que cumpriu o objetivo. Você pode pensar: "Dei o dízimo para a igreja, fiz minha parte. Agora vou focar na minha vida e ganhar meu dinheiro."

Contudo, se seu foco estiver em *como* você dá, você não terá como doar de forma egoísta, mesquinha, com interesse ou barganha. Você precisará avaliar seu coração, pois apenas *quanto* você dá e *para quem* não resolverá a questão. Seu *como* deve ser em amor, justiça e fidelidade. Esses são os preceitos que devem guiar sua intenção para que suas decisões sejam tomadas segundo uma boa consciência perante Deus.

Além disso, se seu foco estiver no *por que* você dá, não será possível dar à igreja para se ver livre de seu dever como dizimista. Mais importante será o propósito, e, para isso, você precisará orar, servir, se envolver e fazer o melhor possível com o recurso que tem em mãos. Como está instruído na Didaquê: "Que a sua oferta fique suando nas suas mãos até que você saiba para quem a está dando."[1] Quando se dá

PARTE III: O QUE MAIS IMPORTA?

pelo propósito, há um senso de dever e responsabilidade que leva o doador a ser coparticipante — e não observador — da obra de Deus.

Assim, o que vale mais não é se você deve ou não dar o dízimo, mas se está buscando dar com amor, justiça e fidelidade para suprir necessidades e dar frutos eternos. Como ensina o pastor e escritor Charles Swindoll: *"Como* e *por que* damos é muito mais importante para Deus do que *o que* damos. A atitude e o motivo são sempre mais importantes do que a quantia. Além disso, quando uma pessoa cultiva o gosto de doar pela graça, a quantia se torna praticamente irrelevante".[2]

Há algo indispensável, imprescindível e inegociável na caminhada com Cristo: o amor, a justiça, a fidelidade e a escolha de carregar sua cruz diariamente e segui-lo. Portanto, não me proponho a responder se você deve dar a décima parte de sua renda à igreja ou não, mas convido você a suprir necessidades e gerar frutos eternos, que permanecerão depois que todas as polêmicas deste mundo se fragmentarem diante do retorno de nosso Rei.

Notas

1   *Didaquê*, I.
2   Charles R. Swindoll, *The Grace Awakening* (Dallas: Word, 1990), ed. digital.

Manifesto
do dízimo

Considerando as diversas visões cristãs sobre o dízimo, apresento um manifesto de como esse tema pode ser tratado na prática pela igreja brasileira. Independentemente da visão de dízimo que se tenha, esse manifesto procura traçar uma linha comum para todos os cristãos, focando nos princípios superiores mencionados por Jesus e pelos apóstolos: dar com amor, justiça e fidelidade, para suprir necessidades e dar frutos eternos. O objetivo não é endossar nem rejeitar o dízimo em si, mas tratar de *como* igrejas podem orientar seus membros a lidarem com o dízimo e seguirem os princípios cristãos essenciais sobre doação.

I. A igreja que tratar o dízimo como prática **positiva**, após ter examinado as Escrituras cuidadosamente e buscado a direção do Espírito Santo, deve conduzir sua prática sob as seguintes condições essenciais:

1. Não gerar legalismo
    a. Não privilegiar regras acima de necessidades humanas.
    b. Não exigir que todos deem o dízimo sob risco de castigo divino.
    c. Não ensinar que Deus amaldiçoa quem não é dizimista.

MANIFESTO DO DÍZIMO

    d. Não manipular o doador com a promessa de benefícios materiais.

    e. Não vincular o ato de dizimar à aprovação e aceitação divinas.

    f. Não priorizar tradições humanas acima do ensino das Escrituras.

    g. Não impor um jugo mais pesado do que as pessoas podem suportar.

2. Não gerar injustiça

    a. Não acumular o dízimo para enriquecer a liderança.

    b. Não investir prioritariamente em estruturas, menosprezando pessoas.

    c. Não excluir nem desprezar quem não dá o dízimo.

    d. Não beneficiar nem preferir quem dá o dízimo.

    e. Não forçar pessoas em situações financeiras complexas a fazerem doações.

    f. Não isentar o dizimista de ser generoso e dar sacrificialmente.

    g. Não aumentar a desigualdade entre cristãos ricos e pobres.

II. A igreja que tratar o dízimo como prática **obsoleta**, após ter examinado as Escrituras cuidadosamente e buscado direção do Espírito Santo, deve conduzir sua prática sob as seguintes condições essenciais:

1. Não gerar relativismo

    a. Não diminuir a importância da doação sistemática e regular.

DÍZIMO: O QUE MAIS IMPORTA?

b. Não desestimular a honra aos líderes e o cuidado aos necessitados.

c. Não menosprezar o compromisso de partilha na comunidade.

d. Não promover o individualismo no uso e destino de recursos.

e. Não abandonar a doação sacrificial diante da liberdade da graça.

f. Não atenuar a radicalidade do ensino bíblico sobre renúncia.

g. Não desprezar o papel da igreja como instituição no mundo.

2. Não gerar descompromisso

a. Não fugir da responsabilidade comunitária de buscar equidade.

b. Não ignorar a contribuição regular a líderes, mestres e missionários.

c. Não depreciar a intencionalidade no uso do dinheiro para o reino.

d. Não ignorar o ensino sobre servir com recursos.

e. Não desconsiderar a necessidade de manter a igreja.

f. Não condenar nem menosprezar quem dá o dízimo.

g. Não desvalorizar a importância da fidelidade do doador.

III. A despeito de continuar ou descontinuar a prática do dízimo, toda igreja deve ensinar os seguintes princípios essenciais aos cristãos:

MANIFESTO DO DÍZIMO

1. Dar com amor

a. Dar de forma voluntária, conforme determinado no coração, por iniciativa própria e com prontidão, não de maneira obrigatória ou com peso.

b. Dar de forma generosa, com liberalidade, fartura e prontidão, não de maneira mesquinha, sob uma lógica de dar apenas o *mínimo necessário*.

c. Dar de forma alegre, com felicidade, compaixão e sinceridade de coração, não com relutância, medo ou dúvida.

d. Dar de forma sacrificial, com renúncia e abnegação, não com desejo de recompensa ou reconhecimento.

2. Dar com justiça

a. Dar de forma proporcional, conforme o que se possui, de acordo com a prosperidade e sem sobrecarregar a si mesmo ou a outros.

b. Dar de forma responsável, com mordomia, diligência e integridade, sem gerar problemas a si mesmo ou a outros.

c. Dar de forma honrosa, dignificando os que vivem do evangelho e lideram a igreja, sem desconsiderar quem merece ou precisa.

d. Dar de forma equitativa, para que a fartura de uns supra a necessidade de outros; ou seja, sem acumular apenas para si.

3. Dar com fidelidade

a. Dar de forma sistemática, com regularidade, planejamento e intencionalidade, sem negligenciar a obra de Deus.

177

b. Dar de forma confiável, com dedicação e disponibilidade, sem ser inconstante, irresponsável ou um peso para os outros.

c. Dar de forma íntegra, com retidão perante Deus, e com o coração livre de problemas com o próximo, sem falsidade nem interesse.

Toda igreja deve ensinar que cristãos não devem ser guiados pelo legalismo, pensando que serão aceitos pelo que dão, nem pelo relativismo, pensando que serão aceitos a despeito do que dão.

Todo cristão deve ser guiado *pelo amor de Deus*, lembrando-se de que o Pai deu seu único Filho e que o Filho deu sua vida por amor; e pelo *amor ao próximo*, usando recursos terrenos para suprir necessidades e dar frutos eternos.

Conclusão

O dízimo é um tema complexo e propenso a discussões, conflitos e até divisões entre cristãos. Meu intuito certamente não é a dissensão, mas trazer esse tema à luz para examinarmos o que dizem as Escrituras a esse respeito e sermos mais semelhantes a Jesus. É extremamente desafiador escrever um livro que traz pontos de vista contrastantes. Alguns leitores poderão sair mais convencidos por uma visão ou por outra. Ainda assim, quero apresentar uma conclusão que sirva para todos.

Um ponto crítico nessa discussão é a maneira pela qual cristãos lidam com temas controversos como o dízimo. Infelizmente, é comum vermos se formar um ambiente de discussão no qual deve haver apenas um ganhador, como se os debatedores fossem gladiadores em uma arena, cada um lutando por sua vida. Mas o cristianismo não é isso; em questões não essenciais, que não dizem respeito ao cerne da fé e da salvação em Cristo, deveríamos ter liberdade para pensar de forma diferente.

A igreja morávia tinha um mote: "Nas coisas essenciais, a unidade; nas coisas não essenciais, a liberdade; em todas as coisas, o amor."[1] Precisamos fazer distinção entre essencial e não essencial. Como vimos, os preceitos *mais importantes* para Jesus são o amor, a justiça e a fidelidade (Mt 23:23; Lc 11:42).[2] Cristãos devem considerar tais pre-

DÍZIMO: O QUE MAIS IMPORTA?

ceitos essenciais e incontestáveis e serem unânimes quanto a eles. Em relação ao não essencial, pode haver diferenças na forma de os cristãos pensarem.

Como devemos nos portar diante dessas diferenças de opinião?

No tempo dos primeiros cristãos, os temas controversos eram a guarda do sábado e das festas religiosas, o comer carne com sangue e a circuncisão. Na época, isso era muito polêmico! O apóstolo Paulo tinha uma visão bem clara sobre essas questões: ele estava convencido de que não havia dia mais sagrado que outro, de que toda comida era pura e de que a circuncisão deveria acontecer no coração. Mas — e esse *mas* é gigante —, de forma extraordinariamente cristã, ele não forçou sobre os outros a sua opinião.

Romanos 14:3-8 é uma chave para lidar com a polêmica do dízimo. Essa passagem veio à minha mente em um dia que pedi à minha esposa para orar por mim para que Deus me desse sabedoria na escrita deste livro. Foi uma oração bem direta, e enquanto ela orava, lembrei-me desse texto. Entendo que a resposta para a questão do dízimo pode ser encontrada nesta paráfrase das palavras de Paulo quanto às controvérsias não essenciais de sua época:

> Aquele que [não dá o dízimo] não deve desprezar [o que dá], e aquele [que dá o dízimo] não deve condenar aquele [que não dá], pois Deus o aceitou. Quem é você para julgar o servo alheio? É para o seu senhor que ele está em pé ou cai. E ficará em pé, pois o Senhor é capaz de o sustentar. Há quem considere [o dízimo] mais sagrado do que [apenas dar]; há quem considere [o dízimo] igual [a dar]. Cada um deve estar plenamente convicto em sua própria mente. Aquele que considera [o dízimo] especial, para o

CONCLUSÃO

> Senhor assim o faz. Aquele que [dá o dízimo], dá para o Senhor, pois dá graças a Deus; e aquele que [deixa de dar o dízimo], faz isso também para o Senhor, e dá graças a Deus. Pois nenhum de nós vive apenas para si, e nenhum de nós morre apenas para si. Se vivemos, vivemos para o Senhor; e, se morremos, morremos para o Senhor. Assim, quer vivamos, quer morramos, pertencemos ao Senhor.

Nessa passagem, Paulo transmitiu à igreja em Roma três lições valiosas, que, creio, podem ser aplicadas à polêmica do dízimo na igreja brasileira dos dias de hoje.

1. **Aja conforme sua consciência**. A vida cristã é essencialmente dar, mas a *forma* com que você dá depende de sua *consciência*, que é fruto de seu relacionamento com Deus. Viver como cristão é ter um "compromisso de uma boa consciência perante Deus" (1Pe 3:21). É buscar o amor que procede de um coração puro, de uma boa consciência e de uma fé sincera, e não se desviar dessa simplicidade com discussões inúteis, filosofias vãs e tradições humanas (Gl 5:6). Assim, a primeira lição é: que a sua doação seja feita com uma boa consciência perante Deus e reflita o seu amor a Deus e ao próximo.

2. **Não condene nem despreze os que pensam diferente**. Cristãos não são chamados a viver em um eterno cabo de guerra de questões polêmicas. Ainda que, para alguns, pareça absurdo um cristão dar o dízimo (ou deixar de dá-lo), não devemos rejeitar os que agem de modo diferente de nós. Se alguém dá o dízimo, mas o faz com coração sincero e consciência pura, ele não deve ser desprezado. Por outro lado, se

181

alguém não dá o dízimo, mas vive para o Senhor, não deve ser condenado. Paulo diz que Deus aceita aqueles que divergem de nós em questões assim; e se Deus os acolhe, certamente devemos acolhê-los também.[3]

Como diz o teólogo N. T. Wright, precisamos "aprender a conviver sem olhar uns para os outros de nariz empinado ou sugerir, por um instante sequer, que Deus se agrada mais de um estilo de comportamento do que de outro".[4] Alguns guardavam dias santos, outros, não; alguns comiam carne com sangue, outros, não. Paulo diz que o cristão é livre para decidir, mas com uma condição crucial: o que fizer deve ser feito com o desejo de honrar o Senhor.[5]

3. **Sujeite sua liberdade ao amor**. Paulo vai além: devemos estar dispostos a *mudar* nossa forma de viver por amor aos que pensam diferente. O próprio Paulo, que vivia convictamente sob a lei da liberdade, circuncidou Timóteo *por amor aos judeus* (At 16:3).[6] Embora livre, fez-se escravo; embora não mais debaixo da lei, tornou-se como se estivesse sujeito à lei (1Co 9:19-23). Ele fez algo ainda mais profundo do que apenas aceitar o que pensa diferente: ele sujeitou sua liberdade para amar o que era diferente.

Se sua igreja ensina a prática do dízimo, talvez seja adequado estar disposto a se sujeitar a isso por amor em vez de gerar escândalo com argumentos trazidos de forma insensível, tornando-se possivelmente uma pedra de tropeço aos novos na fé (Mt 18:6). Em uma conversa por telefone com o pastor e filósofo Davi Lago, ele apontou que, ainda que o dízimo seja uma

CONCLUSÃO

"discordância praxiológica entre pessoas igualmente crentes", quando uma igreja decide em prol de uma posição, é importante que os membros sigam suas orientações para cumprirem seu papel no corpo. O escritor David Croteau me disse algo semelhante: ele mesmo já deu o dízimo, mesmo considerando-o uma prática obsoleta, para estar em consonância com a igreja da qual fazia parte. Somos todos chamados a nos sujeitar uns aos outros por temor a Cristo (Ef 5:21). Essa é a marca do verdadeiro cristão.

Quando Jesus pagou o imposto do templo que era demandado pela lei (Êx 30:11-16), ele disse que deu *para não escandalizar* as pessoas (Mt 17:24-27). Fazer o que é certo não significa apenas ter uma consciência limpa e convicção pessoal, mas tomar decisões com base no amor ao próximo. Jesus teria total direito de abolir ou evitar aquele imposto, mas o pagou por causa do amor. Ele ensinou que o norte da consciência é o amor, não o dever. Assim, embora todos os cristãos decidam em questões não essenciais com base em sua própria consciência, isso não lhes permite agir sem prestar atenção às outras pessoas e às necessidades delas,[7] pois o propósito da liberdade é servir com amor (Gl 5:13-15).

Por fim, a paráfrase de Romanos 14 pode ser concluída assim:

> Tenho plena convicção de que [deixar de dar o dízimo] não é por si mesmo [pecado], a não ser para quem assim o considere; para ele é [pecado] [...] Assim, seja qual for o seu modo de crer a respeito destas coisas, que isso permaneça entre você e Deus. Feliz é o homem que não se

DÍZIMO: O QUE MAIS IMPORTA?

> condena naquilo que aprova. Mas aquele que tem dúvida
> é condenado se [der/não der], porque não [o faz] cóm
> fé; e tudo o que não provém da fé é pecado (v. 14,22-23).

Acho fascinante a frase: "Feliz é o homem que não se condena naquilo que aprova". Seja lá o que você fizer, não viva na dúvida. Viva para o Senhor, tenha sua consciência limpa perante ele e seja *generoso tanto quanto puder*. Se você segue a prática do dízimo, que não seja pelo legalismo de cumprir regras para alcançar o favor de Deus. Se você não segue a prática do dízimo, que não seja para usar a liberdade com o propósito de ser mesquinho ou viver apenas conforme seus interesses.[8] Que você ame a Deus acima de todas as coisas e ao próximo como a você mesmo e, assim, cumpra toda a Escritura.

Viver para Deus inclui *dar com amor, justiça e fidelidade*. Dar a vida, os dons, os recursos, as ideias, o dinheiro. O dízimo pode ser *uma forma de dar.* Mas o caminho é mais estreito. Deus quer sua vida, não apenas o seu dízimo. Como disse o pastor Timothy Keller, se hoje temos mais revelação da verdade e graça de Deus do que na época da lei, certamente não deveríamos dar menos de nossa renda e de nossa vida do que aqueles que tiveram uma compreensão muito menor do que Deus fez para salvá-los.[9] Nosso modelo é Cristo, que doou *tudo* por amor.

Meu desejo é que você conclua essa leitura inspirado em conhecer mais o coração de Deus, em julgar menos o próximo e em ser mais generoso, especialmente para suprir necessidades, partilhar com a igreja e dar frutos eternos. Que você combata o legalismo e o relativismo em sua vida e desfrute uma vida plena, com a consciência pura e amor sincero. E que seus olhos estejam em Cristo, o único que pode nos ensinar o que verdadeiramente significa entregar algo agradável a Deus.

CONCLUSÃO

Notas

1   Essa frase é atribuída a Rupertus Meldenius (1582-1651), teólogo luterano. A influência dessa frase na igreja morávia está documentada em J. E. Hutton, *A History of the Moravian Church*. 4.1: The Moravian Principles. Christian Classics Ethereal Library. Disponível em: https://www.ccel.org/ccel/hutton/moravian.vii.i.html. Os elementos essenciais para os morávios eram a fé, o amor, a esperança, o credo apostólico e as Escrituras. Os não essenciais estavam relacionados à constituição da igreja, ministérios, sacramentos e doutrinas.

2   Quando Jesus fala sobre dízimo na passagem de Mateus, ele diz que o mais importante é a justiça, a misericórdia e a fidelidade. Na passagem de Lucas, as palavras são justiça e amor. Neste livro, optei por integrar o conceito de misericórdia ao de justiça.

3   Lawrence Richards, *Comentário devocional da Bíblia*, ed. digital. Nas palavras do autor, "em questões que geram 'dúvidas', não temos direito nenhum de impor nossas crenças aos outros [...] Não tenho que argumentar para convencê-los do meu ponto de vista [...] Não se trata de quem está errado ou de quem está certo. Apenas aceitação. [Em Romanos 14:1], a palavra grega traduzida por 'receber', *proslambano*, é um dos termos relacionais mais poderosos no Novo Testamento. Significa acolher ativamente. É um sorriso alegre, braços estendidos para um abraço, a mão no braço trazendo o recém-chegado para um círculo de amigos próximos e amorosos [...] Não é de admirar que Paulo tenha começado a discussão das questões duvidosas com a ordem: 'Recebei-o'".

4   N. T. Wright, *Paulo para todos*: Romanos 9-16 (Rio de Janeiro: Thomas Nelson Brasil, 2020), p. 114.

5   N. T. Wright, *Paulo para todos*: Romanos 9-16, p. 115.

6   O argumento de Paulo para circuncidar Timóteo pode ser extraído da maravilhosa passagem de 1Coríntios 9:19-23: "Embora seja livre de todos, fiz-me escravo de todos, para ganhar o maior número possível de pessoas. Tornei-me judeu para os judeus, a fim de ganhar os judeus. Para os que estão debaixo da lei, tornei-me como se estivesse sujeito à lei (embora eu mesmo não esteja debaixo da lei), a fim de ganhar os que estão debaixo da lei."

7   C. René Padilla (ed.), *Comentário bíblico latino-americano*. Romanos 14 (São Paulo: Mundo Cristão, 2022), ed. digital.

8   Extraído de Joseph Byamukama, Tithing in the Torah and Today, Byamukama.com, 2019. Disponível em: https://byamukama.com/tithing-in-the-torah-and-today/.

9   Matt Smethurst, More than Money: Tim Keller on How to Live Generously, *The Gospel Coalition*, 2016. Disponível em: https://www.thegospelcoalition.org/article/more-than-money-tim-keller-on-how-to-live-generously/.

Agradecimentos

Quantas vezes eu quis parar de escrever este livro, com receio de que gerasse polêmicas e causasse desunião na igreja! Mas, um dia, *Deus falou comigo*. Foi quando li a história do chamado de Jeremias. Ele era um jovem, filho de sacerdote. Ninguém relevante. Mas Deus o chamou e disse: "Antes de formá-lo no ventre, eu o escolhi; antes de você nascer, eu o separei e o designei profeta às nações [...] Eu hoje dou a você autoridade sobre nações e reinos, para arrancar e despedaçar, para arruinar e derrubar; para edificar e plantar" (Jr 1:5,10).

Foi assim que entendi que para *construir* uma visão cristocêntrica sobre doação seria preciso *destruir* o que não se alinha ao coração de Jesus, em especial o legalismo e o relativismo. Com essa esperança, a despeito de minha insignificância diante de um tema tão complexo, perseverei na desafiadora jornada dessa escrita até este livro chegar a você.

Quero agradecer à minha esposa, Bruna, que me apoia tanto e é a melhor parceira de *brainstorming*. Aos meus irmãos Rafael e Pedro, que me encorajaram a escrever sobre o tema. A meus pais, Gerson e Miriam, que me apoiam a ser quem nasci para ser. Aos queridos da Thomas Nelson Brasil: Samuel, André, Daila, Débora e Aline, por me apoiarem na caminhada de ser um autor cristão brasileiro. E a muitos amigos que leram, revisaram e apoiaram este trabalho complexo de escrever sobre um dos temas mais delicados no cristianismo: Afonso Flores, Audrey Barneche, Daniel Simões, Davi Lago, David Croteau, Geison Vasconcellos, Jacira Monteiro, João Pedro Maia, Lucas Pegoraro, Renan Xavier, Richard Fehlberg, Robertt Marques, Sarah Furtado, Thiago Baeta, Tiago Mohallem, Timóteo Carriker, Vanessa Belmonte, Viktoria Zalewski. Que prazer o meu fazer parte do mesmo reino que vocês.

Este livro foi impresso pela *Lisgráfica* para a
Thomas Nelson Brasil em 2024.
A fonte do miolo é Noto Serif.
O papel do miolo é pólen natural 80g/m^2,
e o da capa é cartão 250g/m^2.